A Lista de Schindler

Sobre abismos que o Direito dificilmente alcança

0790

Coleção
Direito & Arte

Organizadores
Leonel Severo Rocha
Germano Schwartz

Conselho Editorial
Wilson Steinmetz
Luis Alberto Warat
Juliana Neuschwander Magalhães
Marcelo Galuppo
Ricardo Aronne
Alexandre Morais da Rosa

Conselho Consultivo
Paulo Ferreira da Cunha
Carlos Lista
Albert Noguera
Juan Antonio García Amado

G216l   García Amado, Juan Antonio
       A lista de Schindler: sobre abismos que o direito dificilmente alcança / Juan Antonio García Amado; trad. Ricardo Menna Barreto, Germano Schwartz. – Porto Alegre: Livraria do Advogado Editora, 2009.
       80 p.; 13x21 cm. – (Coleção direito e arte; 4)
       ISBN 978-85-7348-641-4

       1. Direito: Cinema. 2. Teoria do direito. 3. Nazismo.
I. Título.

CDU – 34:791.43

Índices para catálogo sistemático:

Nazismo	321.64
Direito: Cinema	34:791.43
Teoria do direito	340.12

(Bibliotecária responsável: Marta Roberto, CRB-10/652)

Coleção
Direito & Arte – 4

JUAN ANTONIO GARCÍA AMADO

A Lista de Schindler
Sobre abismos que o Direito dificilmente alcança

Tradução
Ricardo Menna Barreto
Germano Schwartz

livraria
DO ADVOGADO
editora

Porto Alegre, 2009

© Juan Antonio García Amado, 2009

Capa, projeto gráfico e diagramação
Livraria do Advogado Editora

Revisão
Rosane Marques Borba

Direitos desta edição reservados por
Livraria do Advogado Editora Ltda.
Rua Riachuelo, 1338
90010-273 Porto Alegre RS
Fone/fax: 0800-51-7522
editora@livrariadoadvogado.com.br
www.doadvogado.com.br

Impresso no Brasil / Printed in Brazil

"O totalitarismo é a grande novidade deste século, é a experiência terrorífica que fez tremer seus alicerces... Os alicerces de quê? De tudo, porém, em particular, de nossas habituais idéias racionais. O totalitarismo expulsa de si mesmo e põe fora da lei o ser humano. Porém, precisamente essa situação fora da lei, esta morte massiva que é de mártires, ainda que sejam involuntários, torna a trazer à mente do homem aquilo de que foi despojada, a coluna básica de sua cultura e de sua existência, a lei."

(Imre Kertész, *Un instante de silencio en el paredón*).

Apresentação

A Coleção Direito & Arte reafirma-se em seu quarto volume. A obra, vertida para o idioma de Camões, apresenta-se como mais uma das possibilidades exploratórias de sua temática. Está-se, aqui, diante de um livro raro. Um filme é seu marco de investigação. A película é hollywoodiana. Por acaso isso significa um corte menos científico, e, portanto, de menor alcance em relação ao problema do nazismo e do Estado de Direito?

Não. Ao contrário. Como bem destacado pelo autor, o fato de um regime brutal como o nazista ter se "legitimado" pelas normas legais editadas (e acatadas dentro do território pangermânico!) é uma das grandes questões da Teoria do Direito até os dias presentes. Foi objeto de inúmeros debates. Mas a visão proporcionada pela lente cinza de Spielberg tornou memoráveis cenas que convidam à reflexão jurídica muito mais do que um simples e estático manuscrito.

O catedrático de Filosofia de Direito da Universidade de León, Espanha, Dr. Juan Antonio García Amado, com sua fina ironia, proporciona ao leitor brasileiro um dos primeiros escritos correlacionando Direito e Cinema de forma mais profunda, servindo, inclusive, como parâmetro metodológico para aqueles que pretendam ingressar naquilo que Warat, um dia, e na vanguarda, chamou de cinesofia.

A riqueza do conteúdo a que o leitor tem, agora, acesso é singular. Há dados novíssimos, e a linha de argumentação é muito precisa. Isso demonstra o autor em sua inteireza e em seu nível acadêmico. Contudo, um testemunho é necessário. García Amado é daquelas pessoas cujo convívio é gratificante. *Gentleman. Avis rara* no egocêntrico meio universitário. Um verdadeiro mestre.

Importa ressaltar o nosso agradecimento à Casa Editorial Tirant lo Blanch, que, gratuitamente, cedeu os direitos autorais da obra, componente de sua respeitável série *Cine y Derecho*. Nunca é demais saudar a Livraria do Advogado Editora, única, por ser o veículo de divulgação das obras que estão albergadas nesta série e apostar no trabalho desenvolvido pelo grupo de docentes e pesquisadores que visam, nesse momento, a um novo despertar da ciência do Direito no Brasil.

O trabalho da tradução "bruta" foi feito pelo bolsista CNPQ/ Unisinos Ricardo Menna Barreto. Sua revisão ficou a cargo de Germano Schwartz. Por fim, Maria Helena Almeida da Costa adaptou o texto às novas exigências da ortografia portuguesa. Todos foram voluntários e laboraram, sem recompensa alguma, para que a obra pudesse chegar às mãos de todos.

Por fim, registre-se que se um dia o ser humano foi capaz de atrocidades tais como as perpetradas nos campos de concentração nazistas, recorde-se que é esse mesmo – demasiadamente – homem aquele que, nos recônditos da ciência jurídica, proporciona gestos (A Lista de Schindler) que nos levam a *Abismos que o Direito Dificilmente Alcança.*

Boa leitura.

Porto Alegre – RS, maio de 2009.

Leonel Severo Rocha

Germano Schwartz

Sumário

Introdução 11

I. FICHA TÉCNICA 15
II. O FILME FRENTE À HISTÓRIA 17
   1. A realidade dos fatos e a representação dos fatos 18
   2. Mais que personagens, estereótipos 21
   3. Sutis mensagens ideológicas 23
III. OS FATOS, OS PERSONAGENS, OS LUGARES 27
   1. Fatos 27
      1.1. Os campos de concentração 27
      1.2. A exploração privada dos prisioneiros dos campos 32
      1.3. O pessoal SS 33
      1.4. Organização da vida diária dos prisioneiros 35
   2. Personagens do filme 42
      2.1. Oskar Schindler 42
      2.2. Amon Goeth, comandante do campo de Plaszow 43
   3. Lugares do filme 45
      3.1. O Campo de Plaszow 45
      3.2. O gueto de Cracóvia 46
IV. O DIREITO PERANTE O NAZISMO: LUZES E SOMBRAS 47
   1. Dos julgamentos de Nuremberg ao Tribunal Penal Internacional 49
   2. A perseguição penal dos crimes nazistas depois dos julgamentos
     de Nuremberg 62
   3. Indenizações para os trabalhadores forçados 73

Notas bibliográficas 77

Introdução

A Lista de Schindler é geralmente mencionada como o filme que rompe com o chamado tabu cinematográfico das câmaras de gás, pois contém uma cena muito discutida das câmaras de Auschwitz. Anteriormente, os diretores que filmaram histórias ambientadas no nazismo e no holocausto haviam evitado ultrapassar esta barreira, repartindo tacitamente a idéia de que um horror de tal calibre superava toda possibilidade de séria expressão direta e realista. E, assim, segue sendo em grande medida. Basta recordar que, no recente filme *Amen*, de Costa-Gravas, há uma cena crucial em que o protagonista olha pelo olho-mágico da porta da câmara de gás e lá contempla a morte que está ocorrendo, porém, ao espectador, não se mostra nada do que seus olhos vêem. Em contrapartida, a pretensão realista de Spielberg até que não quer poupar o espectador à contemplação dos detalhes mais escabrosos, se bem que, como veremos, ele será muito criticado pela equívoca mensagem que, em algumas cenas, como a da ducha, depreende-se sobre a verdadeira intensidade do horror e sobre o destino dos judeus nos campos.

O filme está marcado pela tensão entre duas circunstâncias paralelas. Por uma parte, a de ser uma ficção que reproduz, ou que pretende reproduzir uma história verdadeira, a mesma que havia sido romanceada, mais pormenorizadamente, no livro de Thomas Keneally, *Schindler´s List,* originariamente publicado em 1982. Por outra, a de ser um filme realizado com técnicas próprias do estilo realista, com aparência documental, inclusive, em muitas ocasiões, ainda que, a juízo de numerosos historiadores e críticos, dá uma visão demasiado desviada da realidade. Esse seria o preço que há de pagar toda pretensão de recriar artisticamente um fenômeno tão abismalmente incompreensível como as práticas criminais do nazismo. Daí que seja tão acirrado o debate entre quem é partidário do estilo propriamente documental e mais pudico (por exemplo, da fita *Shoah*, de Claude Lanzmann, outro grande testemunho cinematográfico sobre o holocausto), e quem prefere as reconstruções ao modo de Spielberg, especialmente por sua capacidade de calar um público massivo e gerar nele a reflexão sobre o que não deve cair ao ouvido.

De todo modo, esse livro não pretende ser de Cinema, senão de Direito, tomando como base o filme que comentamos. Como estúdio cinematográfico do filme, podemos remeter o leitor ao magnífico livro *A Lista de Schindler, Steven Spielberg*, publicado em 2001 por Arturo Lozano Aguilar. Nesse sentido, importam os problemas jurídicos que, ao final da filme, cabem colocar. E, naturalmente, se falamos do nazismo e de suas aberrações, tais problemas podem ser praticamente infinitos. Por essa razão, tivemos que optar de saída entre uma dupla possibilidade: tomar pé minuciosamente em concretas cenas e particulares anedotas daquelas no filme narradas para glosá-las em seu alcance jurídico, de modo que, por essa espécie de via indutiva, pudéssemos acabar no tratamento de problemas jurídicos gerais; ou prescindir do detalhe preciso e arrancar diretamente das perguntas mais relevantes que, ao leigo em leis, podem ser suscitadas ao contemplar o filme em seu conjunto. Elegemos essa última alternativa. Consequentemente, não faremos análises jurídicas de sucessos particulares do filme, senão que iremos diretamente às grandes perguntas que podem inquietar a quem contemple como exposição os radicais abusos do nazismo.

E dessas grandes questões, preocupar-nos-á, antes de tudo, uma: como reagiu o Direito, dentro e fora da Alemanha, quando aquele putrefato regime terminou, com a derrota militar que pôs fim à Segunda Guerra Mundial? Ao final do filme, mostra-se fugazmente a execução na forca de Amon Goeth, o comandante do campo de concentração de Plaszow e, antes, responsável pela evacuação do gueto de Cracóvia. Pois bem, isso é o que queremos colocar: quem, como, quando, onde e com que argumentos jurídicos se fizeram justiça, se é que ela fora feita às vítimas do nazismo e da vilania, bem como o oportunismo dos verdugos e beneficiários.

Naturalmente, dos muitos problemas práticos com que o Direito se deparou, a propósito do nazismo, dirigiremos nosso olhar somente aos que possam ter mais direta relação com o que o filme nos narra. Em consequência, três serão os focos principais de nossa atenção a partir dos observadores do Direito: como respondeu (e responde) frente aos crimes de nazismo o Direito Internacional, e como os encaixou em suas categorias e normas de Direito Penal. Por último, perguntar-nos-emos se houve compensação, de alguma maneira, aos milhões de prisioneiros que, com seu trabalho escravo, renderam ao Estado alemão e a tantas empresas alemãs grandes benefícios.

Porém, antes de colocarmos esses assuntos jurídicos, especial atenção será dada a dois capítulos prévios. Um será a exposição resumida das mais destacadas objeções que essa fita tem recebido dos campos da crítica ideológica e histórica. E outro, uma breve ampliação dos dados históricos, de maneira que as possibilidades analíticas e críticas do espectador do filme se agigantem com o conhecimento de dados mais extensos e precisos do ocorrido no mundo e o tempo que o filme recria. Em suma, nosso recorte será o seguinte: da análise do filme sob a ótica da teoria social, passamos à história real dos fatos narrados e ao pano de fundo histórico dos mesmos; daí saltaremos ao Direito, perguntando-nos por sua capacidade de reação frente a fenômenos de tal magnitude. Que a resposta a essa última pergunta seja um tanto cética, à vista dos ensinamentos de história do século XX, é o que justifica o longo subtítulo que escolhemos e que nos serve também de conclusão: abismos que o Direito dificilmente alcança.

I. Ficha técnica

Título original: Schindler's List
Ano: 1993
País: Estados Unidos
Duração: 188 minutos
Diretor: Steven Spielberg
Roteiro: Steve Zaillian (baseado na novela de Thomas Keneally)
Produtores: Irving Goving, Kathleen Kennedy, Branko Lustig, Gerald R. Molen, Robert Raymond, Lew Rywin, Steven Spielberg.
Fotografia: Janusz Kaminski
Música Original: John Williams
Desenho de Produção: Allan Starski
Direção Artística: Ewa Skoczkowska y Maciej Walczak
Cenários: Eva Braun
Montagem: Michael Kahn
Elenco: Liam Neeson (Oskar Schindler), Ben Kingsley (Itzhak Stern), Ralph Fiennes (Amon Goeth), Caroline Goodall (Emilie Schindler), Jonathan Sagalle (Poldek Pfefferberg), Embeth Davidtz (Helen Hirsch), Malgoscha Gebel (Victoria Klonowska), Shmulik Levy (I) (Wilek Chilowicz), Mark Ivanir (Marcel Goldberg), Michael Schneider (Juda Dresner), Anna Mucha (Danka Dresner), Adj Nitzan (Mila Pfefferberg), Ezra Dagan (Rabino Lewartow), Hans-Michael Rehberg (Rudolph Höss), Daniel Del Ponte (Josef Mengele).

II. O filme frente à história

Imre Kertész, recente Prêmio Nobel de Literatura e sobrevivente dos campos de concentração nazistas, escreveu o seguinte sobre o filme de Spielberg: "Sim, o sobrevivente contempla com impotência como o tiram sua única posse: as experiências autênticas. Sei que muitos não concordam comigo quando qualifico de *kitsch* o filme de Spielberg *A Lista de Schindler*. Dizem que Spielberg prestou um grande serviço à causa porquanto seu filme atraiu aos cinemas milhões de pessoas, muitas das quais não mostravam normalmente interesse pelo tema do 'holocausto'. Pode ser. Porém, porque devo eu, sobrevivente do holocausto e possuidor de outras experiências de terror, alegrar-me de que sejam cada vez mais as pessoas que vêem estas experiências na tela...de maneira falsificada? É evidente que o norte-americano Spielberg, quem, por certo, ainda não havia nascido na época da guerra, não tem nem idéia – nem pode tê-la – da autêntica realidade de um campo de concentração nazista (...) Vejo a mensagem mais importante de sua fita em preto e branco na multidão vitoriosa que ao fim do filme aparece em cores; porém, considero *kitsch* qualquer descrição que não implique as amplas conseqüências éticas de Auschwitz e segundo a qual o SER HUMANO escrito com maiúscula – e com ele, o ideal do humano – pode sair intacto de Auschwitz (...) Considero *kitsch* qualquer descrição que procure tratar o holocausto de uma vez por todas como algo alheio à natureza humana e expulsá-lo do âmbito das experiências do homem. Além disso, considero também *kitsch* reduzir Auschwitz a um simples assunto entre alemães e judeus, ou seja, a algo assim como uma incompatibilidade fatal entre dois coletivos; prescindir da anatomia política e psicológica dos totalitarismos modernos; não conceber Auschwitz como uma experiência universal, senão como algo limitado aos diretamente afetados. Por outra parte, considero *kitsch* tudo quanto é *kitsch* (*Un instante de silencio en el paredón*, p. 92)".

As palavras de Kertész sintetizam, em bom tamanho, o tom geral das objeções a que o filme se tem colocado pelas filas de crítica cultural e por alguns sobreviventes do holocausto. Junto à entusiasta recepção do público e à crítica cinematográfica, alguns poucos autores vêm denunciando o filme por suas numerosas falsificações, por suas abundantes simplificações da realidade histórica ou do drama moral e por suas negativas consequências ideológicas, derivadas do que, sutilmente, produz mais reforços de estereótipos negativos e rançosos que autêntica reflexão ética e política.

Trataremos de resumir o mais relevante e repetido dessas censuras. A síntese elaborada refere-se aos fatos, aos caracteres e à ideologia de fundo.

1. A realidade dos fatos e a representação dos fatos

A crítica cinematográfica coincide em atribuir a Spielberg um propósito de realismo, bem visível no uso do preto e branco e, em certos planos, que recordam o estilo documental. Sem embargo, sob esse traço estilístico, esconder-se-ia uma grande falta de fidelidade histórica no tratamento dos fatos. Semelhante crítica se vincula a vários dados principais: à pouca verossimilhança de certas cenas representadas, à história enganosa que se conta, juntamente ao que se silencia e não se mostra.

A respeito da primeira, trazemos um só exemplo, assinalado por um crítico alemão (Kramer). No filme, os prisioneiros judeus polacos falam normalmente com os alemães. Desaparece, assim, um dos elementos essenciais do caos da convivência nos campos: como era difícil a comunicação naquela torre de Babel de línguas em que os prisioneiros que não conheciam o alemão e, no caso, a maioria, possuíam muito menos possibilidades de sobreviver. Os atalhos expressivos de que o cinema, especialmente o de Hollywood, necessita, pagam o preço da simplificação da realidade. Toda a literatura escrita pelos sobreviventes mostra os prisioneiros em uma situação em si mesma incompreensível e envolta, além disso, em uma circunstância de difícil comunicação tanto entre eles mesmos como com seus guardas. Disso, no filme, não há um rastro sequer, e esse é um passo crucial na trivialização da vida dos campos: fazer com que o espectador compreenda, significa ocultar-lhe a real situação de radical incompreensibilidade e não comunicação que supostamente se quer descrever.

Quanto ao enganoso modo no qual se combina o que o filme narra e o que se cala, podemos mencionar vários aspectos. Tem-se insistido muito, em primeiro lugar, na desfiguração que supõe apresentar como assunto central de um filme sobre o holocausto o que não foi regra, senão a exceção. Porque a regra, o "normal", não foi a salvação, senão a aniquilação, a morte nas câmaras. O "normal" não era que, pelas duchas de Auschwitz, saía água, senão *zyklon-b,* o gás letal. Como aponta Kramer ou, entre nós, José A. Zamora, embeleza-se a realidade de Auschwitz ao apresentar uma exceção onde raramente as havia. No mesmo sentido, afirma Omer Bartov que transformar um caso completamente extraordinário em um segmento representativo da história, deixando, à margem, o caso do holocausto mais real, supõe uma distorção da realidade. Essa realidade foi a da aniquilação industrial mais organizada. Passa, para segundo plano, que a maioria dos judeus morreram, que a maioria dos alemães colaborou com os assassinos ou foram cúmplices passivos, que a maioria das vítimas enviadas às duchas foi "gasificada" e que a maioria dos sobreviventes não caminhou por campos verdes até a Palestina nem chegaram à terra prometida (como mostra o fim do filme), pois não tinham aonde ir.

Segundo esse mesmo autor, o filme contém duas exigências contraditórias, habituais nas narrações cinematográficas do passado: a pretensão de autenticidade histórica e a pretensão de que ganhem a bondade e a decência, o bem sobre o mal. No caso do holocausto, o comum foi a vitória do mal, enquanto a maioria das vítimas morreu. Portanto, o holocausto que Spielberg retrata não é o mais real, é a exceção pontual. A história de Schindler é certa, porém não é, absolutamente, representativa. Em troca, a história mais real e representativa é "irrepresentável" com ajustes às convenções de Hollywood. Frente à mensagem implícita de que o esforço e a resistência dos melhores e mais honestos pode salvar a vida inclusive em uma situação como aquela, o certo é que os sobreviventes não foram melhores que muitas das vítimas, somente o azar os salvou, excepcionalmente.

O mesmo Bartov insiste que o criticável não é que não se mostre as pessoas em Auschwitz sendo "gasificadas", senão que as mostre não o sendo; não, que não encenem os corpos deteriorados dos prisioneiros, senão que exponham sãos e atrativos corpos nus de mulheres jovens cujos penteados recordam a moda atual. Nas palavras de Cheyette, os espectadores contemplam as grandes filas que esperam ante as câmaras de gás de Auschwitz; porém, a impressão que fica é a da salvação em verdadeiras duchas. Do mesmo modo, vemos Mengele e o restante do pessoal do campo através desses olhos de quem se salva e apenas sofre. Desaparece assim todo o realismo do filme e, além disso, trivializa-se a justaposição de vida e morte. Os que sobrevivem, realmente, não apreciam os efeitos da morte que tudo corrói em volta. Um exemplo dessa ardilosa superposição é que, por um lado, tem-se mostrado o montão de dentes de ouro extraídos dos assassinados; e, por outro, com um dente de ouro de um judeu de Schindler, fabrica-se seu anel com a inscrição.

Em verdade, como indica Kramer, Spielberg não faz mais que seguir as pautas habituais de Hollywood: identificar-nos-emos com os protagonistas, e esses sobrevivem. Os que morrem são os personagens não centrais. Assim, a lógica da sobrevivência e a morte são artificiosamente adaptadas às nossas necessidades de identificação.

Com tudo isso, o êxito do filme se garante, à custa de produzir mais satisfação que desgosto. Segundo o duro veredicto de Bartov, a produção cinematográfica conforta muitas sensibilidades sem apenas ferir outras: para os alemães, serve para mostrar que nem todos foram colaboradores do massacre; os sionistas encontram, nas cenas finais, a idéia que dá sentido retrospectivo aos sucessos e tranquiliza frente à imagem de tantos judeus caminhando "como ovelhas ao matadouro"; os cristãos e humanistas bem-pensantes veem reaparecer a imagem do bom samaritano e a esperança de uma decência humana que surge antes dos sentimentos mais ignóbeis e nas situações mais desesperadas, humanizando assim até mesmo o mal. A imagem, pois, que permanece no espectador, é tranquilizadora e estimulante. Não estaria nisso uma exceção o filme que comentamos, pois, como tem ressaltado Judith Doneson, essa é a tendência geral dos filmes sobre o holocausto, já que a maioria deles oferece uma imagem distorcida. Os que salvaram judeus foram muito poucos e, sem embargo, ao modo de suas produções, parece "que durante essa era de espanto, a bondade atravessava Europa", pois, na maioria dessas fitas, aparecem cristãos gentis tentando salvar as vidas de débeis e passivos judeus.

2. Mais que personagens, estereótipos

Tem-se censurado que a *Lista de Schindler* encerra uma estética maniqueísta, que se manifesta especialmente nos caracteres dos personagens. As críticas, aqui, concentram-se no modo de apresentar o contraste entre Schindler e Goeth, o comandante do campo de Plaszow, e na representação que faz dos judeus.

Segundo Bartov, os caracteres do filme são estereótipos cinematográficos: um mal que é maldade e perversidade absoluta (Goeth); um bom cujo mefistofélico e ambivalente caráter vai desaparecendo na medida em que o filme avança e que se converte na quintessência do bem, e algumas vítimas, os judeus, que figuram como o simples *background* para a heroica, épica luta entre o bem e o mal. Schindler e Goeth são estereótipos ao modo de Hollywood, mais caricaturas que caracteres (Hartman, Horowitz). Spielberg traça algo como uma simetria ou imagem invertida de Schindler e Goeth, como se neles se encarnassem qualidades morais opostas cuja contundência e indiscutível presença fizessem ociosa toda reflexão psicológica, social, política ou ética. O absoluto do bem e do mal e sua imediata evidência poupam ao espectador a reflexão e o esforço por penetrar na circunstância histórica. Como tem destacado Cheyette, essa contraposição metafísica deixa o espectador sem necessidade de perguntar-se o que converte uma pessoa em um aborrecível assassino nazista e permite a esse espectador tomar partido por uma evidente verdade sem necessidade de compromisso moral pessoal e autoexame.

Muito interessantes são as observações sobre o fato de que apresentar Goeth como um psicopata supõe desfigurar a realidade comum com a maior parte dos executores nazistas, quem eram, nos termos do livro de Christopher Browning, *Ordinary men* (entre nós, o livro foi publicado sob o título *Aqueles homens cinzas*[1]), tipos correntes. Assim, assinala Robert Leventhal, seguindo Zigmunt Bauman: converter Goeth em um sádico, demonizá-lo e pintá-lo como um monstruoso excepcional é ocultar o mais inquietante e horrível do nazismo como fenômeno social: o fato de que a maioria daqueles que moviam sua maquinaria de morte não eram associais desviados, senão gente que poderia superar qualquer teste de normalidade e integração social (bons pais de família, pobres funcionários e cidadãos sem mácula). Ficaria assim ignorado o fenômeno mais identificador do nazismo, ao qual Hannah Arendt denominou para a posteridade como "a banalidade do mal". Mais adiante, mencionaremos o modo como esse mesmo caráter perfeitamente "normal" e isento de qualquer sentimento de culpa ou inadaptação social é apreciado no mais famoso dos comandantes de campo, Rudolph Höss (que também aparece fugazmente no filme, interpretado por Hans-Michael Rehberg).

Muito certeiras são as considerações que a crítica mais aguda tem feito sobre o modo como os judeus não são apresentados no filme. Curiosamente, as qualidades e os caracteres que deles nos aparecem coincidem com os tópicos antissemitas. Comerciam no mercado negro, buscando benefício econômico, tratando de esconder ouro ou jóias; mostram-se individualistas e sem solidariedade, entre outras. Como tem estudado Doneson, nas cenas do gueto, abundam os exemplos de comportamento sem solidariedade dos personagens judeus que vão aparecendo. Além disso, salvo Itzhak Stern, nem um só judeu exibe o mínimo de valentia. Spielberg, à diferença da novela, não faz uma só menção dos trabalhos solidários (hospitais, orfanatos, asilos...) que grupos de judeus realizavam no gueto de Cracóvia, nem dos movimentos de resistência que ali se organizaram. As simpatias que despertam o filme se projetam sobre Oskar Schindler, um alemão, um ariano; enquanto isso, os judeus não seriam mais que

---

[1] Garcia Amado refere-se ao título do livro publicado na Espanha: "*Aquellos hombres grises*". (Nota dos Tradutores)

o detonante que, com seu sofrimento, faz nascer em Schindler a bondade que o redime e o santifica e a eles, simplesmente, salva-os, apesar de sua avareza, de sua covardia, de seu vitimismo, somente para citar.

Também se tem objetado Spielberg por ter refletido sobre outro dos lugares comuns do mais grosseiro antissemitismo da época: a obscura, a turva sexualidade da mulher judia. A imagem que a propaganda nazista debochava da tal sexualidade é a mesma que parece expressar-se nas atitudes de Helen Hirsch, a servente judia de Goeth. Na realidade, há quem, como Horowitz, tenha criticado todo o tratamento dos personagens femininos do filme. Segundo essa autora, no filme, as mulheres ficam, em certo sentido, à margem da guerra entre os nazistas e os judeus. Os protagonistas masculinos se deitam com mulheres árias, não com as judias. E essas mulheres árias não têm personalidade além de sua função sexual, da mesma maneira que as mulheres judias, tampouco têm vida à margem do campo. Os personagens femininos do filme são "moralmente inertes". Nisso, aparecem assemelhadas aos judeus e tanto umas quanto outras se representam segundo um estereótipo retificado como categorias naturais de gênero ou raça.

3. Sutis mensagens ideológicas

A leitura do filme, em termos de crítica ideológica, tem oferecido resultados surpreendentes e muito dignos de atenção. Far-se-à menção tão somente a três assuntos: a vinculação entre sexo e violência, a mensagem sionista e a moral cristã.

A presença de conteúdos sexuais, mais ou menos cuidados, tem sido reprovada por numerosos tratadistas. Destaca-se, sobretudo, a cena entre Goeth e Helen Hirsch e, muito especialmente, a cena da ducha em Auschwitz. Haveria sutis elementos da estética sadomasoquista que se faz explícita em outros filmes ambientados no nazismo como o *Porteiro de Noite*. São muitos os que censuram Spielberg pelos equívocos, já assinalados, no tratamento da personagem de Helen Hirsch ou pelo modo como a câmera demora na beleza dos corpos femininos em meio ao horror da eminente possibilidade de morte na câmara de gás. Segundo nos conta Horowitz, a cena das duchas foi incluída pela insistência de algum produtor que queria fazer o filme mais comercial. Por conseguinte, tanto o conteúdo da cena (cuja música, tom, iluminação, são diferentes do restante do filme), como as circunstâncias de sua produção demonstrariam o propósito de construir uma imagem erótica das vítimas do holocausto. É curioso que, em uma entrevista a Spiegel Online, publicada no recente 9 de janeiro de 2003, Miezyslaw Pemper, um dos "judeus de Schindler" que, na realidade, havia sido também o escrevente privado de Amon Goeth (no filme, Spielberg fundiu em um único personagem sua figura e a de I. Stern), disse que, no filme, a cena menos apreciada por ele é a da cena da bodega, com Helen Hirsch, embora reconheça que em todo filme de Hollywood deva haver concessões ao erotismo.

O anterior, curiosamente, choca com o tipo de moral sexual proposta pelo filme, na qual se apreciam as considerações que a própria Horowitz expõe. A metamorfose espiritual de Schindler vem acompanhada de mudança em seus comportamentos sexuais: quando faz bem, beija castamente e acaba prometendo fidelidade a sua esposa. Com isso, como diz essa autora, genocídio e fornicação se apresentam moralmente equivalentes, enquanto a bondade implica o rechaço a ambos.

Os elementos de proselitismo sionista têm sido destacados, entre outros, pela mesma Horowitz, que os sintetiza na seguinte frase: "depois das cinzas de Auschwitz, o nascimento de Israel". Ao final da fita, o soldado russo diz aos judeus de Schindler, de maneira pouco verossímil, que não podem ir nem ao Leste nem ao Oeste. Está claro que o único caminho possível é o de Sion. Não se veem os judeus saindo para buscar comida na Checoslováquia, onde se encontram, senão que ficam a andar para seu destino em Israel e, nesse momento, o preto e o branco mudam para cor, simbolizando a mudança do passado ao presente, ao presente em Israel, marcado pelo ritmo da canção *Jerusalem of Gold*, um êxito de Naomi Shemer em 1967, durante a Guerra dos Seis Dias.

Já a latente apologia do cristianismo, com suas conseguintes ocultações de realidades históricas, é muito bem retratada por Horowitz. Assim, no filme, quando Schindler ainda não era bom, visita a igreja para fazer um contato de negócios. Logo, quando está-se redimindo, já vai à igreja com respeito e ali se senta atrás de sua esposa e reza. Ao final, quando os judeus vão atrás dele para a salvação definitiva, faz o sinal da cruz. Esse amálgama de judaísmo e cristianismo (Schindler diz ao pastor que vá preparando o Sabbath) também é ideologicamente distorcedora, pois esconde a profunda história do antissemitismo cristão na Europa. Em troca, no filme, o judaísmo é redimido pelo cristianismo.

III. Os fatos, os personagens, os lugares

1. Fatos

1.1. Os campos de concentração

Há duas etapas dos campos de concentração do nazismo. Na primeira, que começa em 1933, eles são utilizados para internar opositores, presos políticos. Na segunda, que começa em 1938-39 e vai até 1945, convertem-se em centros de internação ilimitados de judeus e prisioneiros de guerra estrangeiros, principalmente russos e da Europa Oriental. A eles se acrescentam os campos de extermínio, de natureza peculiar, autênticas indústrias da morte, onde não se mantinham mais prisioneiros que os necessários para os trabalhos de assassinato massivo.

Os primeiros campos são uma criação de Goering para internar a multidão de detidos depois do incêndio do *Reichstag* em 27 de fevereiro de 1933. Goering, ministro do Interior da Prússia, nesse momento, deixa de mãos livres os chefes das SA para levantar campos nos quais se encerram prisioneiros à margem de formalidades jurídicas. Surgem assim, rapidamente, quase setenta campos em todo o território alemão e neles se armazena boa parte dos cinquenta mil detidos políticos desses meses. Um papel muito relevante, como modelo e lugar de formação de pessoal dos campos, cumprirá o de Dachau, perto de Munique, inaugurado por Himmler em 22 de março de 1933.

Atrás da liquidação das SA, à noite de 29 a 30 de junho de 1934, na chamada "Noite das Facas Longas", Himmler se faz pleno no controle dos campos, nomeia o comandante do campo de Dachau,Theodor Eicke, inspetor dos campos e o encarrega a desenvolver um sistema comum a todos eles. Eicke cria o sistema administrativo que os regerá e, sobretudo, as seções especializadas das SS que se ocuparão da vigilância deles.

A partir de 1935, a discricionariedade para encerrar qualquer um em um campo de concentração é total, pois o Decreto do Ministério do Interior de 25 de janeiro de 1938 dispõe que a internação pode ser decretada "contra pessoas que por seu comportamento ponham em perigo a existência e a segurança do povo e do Estado". Pouco a pouco, o opositor político vai perdendo a maioria entre os prisioneiros dos campos, substituído pelo chamado *Volksschädling*, o sujeito nocivo para o povo. Assim se etiquetarão e se perseguirão, com ódio, os homossexuais e objetores de consciência, por exemplo. A partir de 1936, ordenam-se a prisão e o extermínio dos ciganos. Nos campos internam-se também os judicialmente condenados da raça judia depois de haverem cumprido pena prescrita no cárcere. A 14 de dezembro de 1937, começa a internação dos considerados delinquentes meramente potenciais e, em 1º de junho de 1938, ordena-se o confinamento nos campos dos chamados "associais": mendigos, vagabundos e prostitutas. Antes, em janeiro desse mesmo ano, havia-se estabelecido o mesmo tratamento para os "vagos".

São criados novos campos, com maior capacidade, e se fecham muitos dos primeiros. Assim, vão surgindo os tristemente célebres de Sachsenhausen (1936), Buchenwald (1937), Flossenbürg (1938), Mauthausen (1939) ou Ravensbrück (1939), este dedicado à internação de mulheres.

Já, nesses anos, os internos são forçados a trabalhar de modo brutal, fundamentalmente em canteiros, ainda que sem uma finalidade econômica e produtiva, tão somente como mera tática de degradação e aniquilação. Supostamente, tratava-se de educar mediante o trabalho. Daí a cruel inscrição que existia primeiramente na entrada do campo de Dachau, e logo também em Auschwitz: *Arbeit macht frei*, o trabalho faz livre. Não menos *esperpentica*[2] é a divisa que se coloca no frontispício de outros campos. Em Buchenwald, a fórmula tradicional da justiça, *A cada um o seu*; em Mauthausen, *A limpeza é saúde*.

Desde 1937, começa o interesse pela exploração dos prisioneiros como mão-de-obra e surge, com tal finalidade, a Empresa Alemã de Minas e Canteiros, orientada ao benefício econômico das SS. Posteriormente, criaram-se também, como empresas ligadas às SS, indústrias têxteis e de armamento.

Depois de 1939, o número de alemães internados nos campos descera até 5%. Em 14 de junho de 1940, inaugura-se o campo de Auschwitz I com a chegada de 728 prisioneiros poloneses. Seu comandante, o mesmo que dirigiu sua construção, é Rudolf Höss, de quem voltaremos a falar, pois ele é, junto com o mencionado Heicke, o protótipo do comandante de campo de concentração nazista. Precisamente, em Auschwitz, assassinar-se-ão "todos os sujeitos polacos que no passado tenham desempenhado qualquer cargo de responsabilidade, ou que puderem encabeçar uma resistência nacional", tal como ordenava, em 17 de outubro de 1939, a Oficina Central de Segurança do Reich (RSHA). Em média, 75 mil poloneses foram assassinados em Auschwitz em cumprimento de tal mandato. E mais cruel ainda foi o tratamento dado aos prisioneiros de guerra soviéticos nos campos nazistas. De mais de 5 milhões e meio, morreram 3 milhões e 300 mil. Para os nazistas, russos e poloneses, eram parte das raças inferiores que mereciam aniquilação ou simples escravidão. E, quanto aos espanhóis, no campo de Mauthausen internaram-se 7.300 republicanos entre 1940 e 1942, dos quais só sobreviveram 2.000.

A partir de 1942, tenta-se organizar a mão-de-obra dos campos para que sirva à produção de munição e armamento. Esse propósito quer combinar com o do extermínio de grupos inteiros e, nesse mesmo ano, Himmler e Thierack, Ministro da Justiça, dispõem que se enviem aos campos e se aniquilem, por meio do trabalho, judeus, ciganos, russos, ucranianos e poloneses que estiveram em cárceres cumprindo penas de mais de três anos, e

---

[2] Expressão espanhola que remete ao gênero da literatura criado por *Ramón Maria del Valle-Inclán* (1866-1936), novelista e poeta espanhol. Esse estilo literário se distingue pela deformação da realidade, traduzindo-a por uma visão amarga e degradada, permeada de detalhes grotescos. (Nota dos Tradutores)

os checos e alemães que tiveram condenações de mais de oito anos.

Em 20 de janeiro de 1942, tem lugar, por iniciativa de Eichmann e convocada por Reinhard Heydrich, a chamada reunião de Wannse, na qual se põe em curso a organização da chamada "solução final", o extermínio massivo e planificado dos judeus. A partir de então, é necessário distinguir, tal como muitos autores destacam, entre campo de concentração e campos de extermínio. Nos primeiros, como Dachau e os demais que até aqui temos citado, internam-se os prisioneiros. Fazem-nos objeto de um trato radicalmente degradante e brutal e busca-se sua aniquilação pela fome, pelo trabalho, por maus-tratos etc. Porém, há possibilidades de sobreviver, pois eles não estão organizados para o extermínio massivo e industrialmente desenvolvidos. Por outro lado, nos campos de extermínio, perecem praticamente todos aqueles que lá chegam, pois são meras instalações para a morte massiva, com toda a técnica material e organizativa a serviço da maior eficácia homicida. Nesses campos, a morte foi de 99,9%, restando somente poucos sobreviventes. São os campos de Belzec, Chelmno, Sobibor e Treblinka, assim como Auschwitz II-Birkenau. Alguns campos, como o de Majdanek, tinham um regime misto de campo de concentração e campos de extermínio. Nos campos de extermínio, executava-se, de imediato, cada remessa de prisioneiros que chegava, com a única exceção dos que eram separados para realizar os trabalhos de transporte dos cadáveres, de limpeza dos crematórios, entre outros, que eram, ao fim de poucos dias ou semanas, executados também. No campo de Chelmno, por exemplo, somente dois prisioneiros sobreviveram; ao contrário, nenhum prisioneiro judeu saiu vivo do campo II de Sobibor. Aqui somente se salvaram cerca de 50 dos 300 que se rebelaram no Campo I, em outubro de 1943.

Depois da decisão de acometer a "solução final" com os judeus, o problema que se coloca aos hierarcas dos campos é fundamentalmente técnico: como matar de modo mais rápido e efetivo tantos milhões de judeus como se queria executar e como proceder com seus cadáveres? Põe-se à prova, assim, a capacidade organizativa dos alemães, que se demonstra tão elevada como era de se esperar.

Em numerosos lugares da Europa Oriental conquistada, os lamentavelmente célebres *Einsatzkomandos* executavam centenas de milhares judeus, mediante massivos fuzilamentos e sucessivos aperfeiçoamentos da técnica de tiro na nuca. Dessa mesma forma, assassinaram-se também 8.500 prisioneiros de guerra em Buchenwald e 13.000 em Sachsenhausen. Porém, considerava-se que esse procedimento supunha grande gasto de munição e um excessivo desgaste psicológico para os carrascos.

Nesse sentido, uma nova invenção se põe em curso no campo de extermínio de Chelmno: o caminhão de gás. Gasificam-se os judeus, em grupos de 50, dentro de reboques de caminhões dotados de câmaras de gás. O gás já vinha sendo utilizado desde 1939 para a eliminação de doentes mentais e incuráveis, no chamado programa T4 de eutanásia. Em 1941, decide-se exportar esse sistema aos campos de concentração do Oriente. O funcionário encarregado do sistema de aplicação da eutanásia, apelidado Brack, apresenta-se voluntariamente para adaptar esse sistema letal aos campos. As primeiras provas com tal propósito se realizaram em Belzec, cujas instalações foram inauguradas em 1942. Dos caminhões adaptados com câmaras de gás, tem-se passado à construção de grandes câmaras, capazes de milhares de sacrifícios diários. Em alguns campos, o gás utilizado é monóxido de carbono; em outros, como Auschwitz II-Birkenau, o famoso *Ziklon B* (ácido cianídrico), uma descoberta de seu comandante, Höss, que se mostrou orgulhoso até o momento de seu próprio julgamento. A primeira prova do *Ziklon B* deu-se, exitosamente, com 600 prisioneiros de guerra, em setembro de 1941.

Na realidade, os números falam por si só nos quadros que seguem.

Wolfgang Sofsky nos dá a seguinte relação de alguns dos principais campos de concentração e extermínio, conforme o número de prisioneiros e de mortos:

CAMPO DE CONCENTRAÇÃO	ANOS DE DURAÇÃO	INTERNOS	MORTOS
Dachau	1933-45	206.206	31.591
Buchenwald	1937-45	238.979	56.545
Mauthausen	1938-45	197.464	102.795
Neuengamme	1938-45	106.000	55.000

Flossenbürg	1938-45	96.217	28.374
Stutthof	1939-45	120.000	47.000
Gross-Rosen	1940-45	120.000	40.000
Auschwitz (I y III)	1940-45	400.000	202.000
Majdanek	1941-45	250.000	200.000
Mittelbau	1943-45	60.000	20.000
Bergen-Belsen	1943-45	125.000	50.000

CAMPOS DE EXTERMÍNIO			
Chelmno	1941-43		225.000
Belzec	1942-43		600.000
Sobibor			250.000
Treblinka			974.000
AuschwitzII-Birke-nau			900.000

Os campos de extermínio não possuem números de internos porque nesses campos, como temos dito, não se internava ninguém, senão que se executavam, de imediato, os judeus que para lá eram enviados.

1.2. A exploração privada dos prisioneiros dos campos

Regulamentou-se que as empresas privadas que quisessem utilizar mão-de-obra dos campos poderiam solicitá-la à inspeção dos Campos. As SS examinavam as condições de alojamento e segurança para evitar fugas e davam o visto positivo. Os empresários podiam por si mesmos eleger o pessoal no campo de concentração, e tal pessoal era enviado a um destacamento situado nas proximidades da empresa. Por cada trabalhador deviam as empresas depositar entre seis e oito marcos ao dia na conta das SS. Supostamente, os "trabalhadores" não cobram, seu regime é de escravidão. Desse regime se beneficiaram empresas como Siemens, Daimler-Benz, Krupp, Volkswagem, Knorr, I.G. Farben, Dynamit Nobel, Dresdner Bank, BMW, AEG-Telefunken, Ford, Astra, Heinkel, Messerschmidt, Shell, Agfa, Solvay, Zeiss-Ikon, somente para citar. Assim, nas instalações da IG Farben, nas proximidades de Auschwitz-Monowitz, trabalharam 35.000 prisioneiros entre 1941 e 1944. A expectativa de vida dos prisioneiros explorados em tais instalações da IG Farben era entre três e quatro meses. Mais, ao fim e ao cabo, que a dos trabalhadores nas minas de carvão, que não chegavam a sobreviver além de um mês. Durante esse trabalho escravo, morreu mais de um milhão de judeus. Para servir tanto às empresas privadas como às empresas de SS ou às empresas públicas de armamento e munição, criaram-se numerosos campos anexos ou destacamentos exteriores aos campos principais. Em janeiro de 1945, existiam 662.

Esse interesse pelos prisioneiros como mão-de-obra fez com que, em 1942, se ditassem aos comandantes dos campos instruções para melhorar o trato dos internos capazes de trabalhar. Tal melhora foi escassa, dados os hábitos existentes entre o pessoal das SS e a contradição com outras normas regulamentares que permitiam, e até ordenavam, a aniquilação arbitrária e cruel dos prisioneiros. De todo modo, essas melhoras relativas e parciais no trato permitiram que alguns prisioneiros pudessem receber pacotes com alimentos ou pudessem visitar os bordéis dos campos. Porque, sim, com efeito, em 29 de maio de 1942, Himmler autorizou a criação de prostíbulos nos campos de concentração. Os primeiros que se abrem são os de Buchenwald, Sachsenhausen, Dachau, Mauthausen y Flossenburg. Em 30 de junho de 1943, inaugurou-se o de Auschwitz. Aos judeus era vedada a visita ao prostíbulo.

Outro de tantos detalhes aterrorizantes dos campos nazistas, que parece mais adequado a uma imaginação deformada que de haver ocorrido na realidade, é que, em numerosos campos, existiam, organizadas pelos SS, orquestras de presos. Tocavam durante a chegada e seleção de prisioneiros ou durante as execuções, além de, em festas e noitadas, que organizavam tanto os guardiães como os próprios hierarcas internos dos prisioneiros. A realidade supera o que no filme se vê quando os SS põem um disco com uma valsa de Strauss para a seleção.

1.3. O pessoal SS

Os guardiões do campo que vemos no filme pertencem às SS (*Schutzstaffel*) e, em concreto, ao "campo das caveiras" (*SS-Totenkopfverbände*), tal como oficialmente se lhes denominava desde 1936. Precisamente uma caveira luzia no seu uniforme. A vigilância dos campos desde 1934 era sua.

A maioria dos SS recebia uma formação em escolas que os adestravam com um férreo sentido de camaradagem e, sobretudo, com uma cega obediência e uma lealdade sem limites ao *Führer* e seus desígnios. Eram considerados, particularmente, comprometidos com a incumbência racial do regime. Por isso, não podiam contrair matrimônio sem consentimento dos superiores, diante dos quais tinham de comprovar que a candidata a esposa reunia os requisitos de pureza racial e integridade moral que a convertiam em uma boa fêmea reprodutora. Regia uma ordem de Himmler, a Ordem de Esposas e Matrimônio, segundo a qual a aspirante à esposa devia ser submetida a um reconhecimento médico para comprovar que podia ter filhos e, além disso, tinha de provar que, desde 1750, não corria nem uma gota de sangue judeu pelas veias de sua família.

Sobre os judeus se doutrinava com textos como o seguinte, que recolhe Tom Segev em seu livro *Soldiers of evil:* "aquela criatura que biologicamente parece completamente idêntica aos demais, com mãos e pés e uma espécie de cérebro, com olhos e bocas, é, sem embargo, um temível ser completamente distinto, é somente um âmago de ser humano, com traços similares aos humanos, porém que em seu espírito e sua alma está abaixo de qualquer animal. Dentro desse ser há um atroz caos de paixões selvagens e desenfreadas: ímpeto destrutivo, concupiscência primitiva, indissimulável baixeza. Não são mais que seres infra-humanos".

A camaradagem significa uma total submissão ao grupo, ante o qual cada SS tinha permanentemente que demonstrar sua plena disposição à obediência e à crueldade. Na verdade, o comportamento dos SS que vigiavam os campos estava regrado por numerosas normas jurídicas. Por exemplo, tinham proibido aceitar presentes, dormir, tomar álcool ou fumar durante o serviço, assim como soltar a arma ou falar com os prisioneiros. Inclusive regiam a proibição expressa de maus-tratos e abusos. Porém, como, de maneira muito convincente, explicou W. Sofsky em seu livro *Die Ordnung des Terrors: Das Konzentrationslager*, a aparência de freio jurídico é enganosa, pois também regiam numerosas regras que deixavam as portas abertas para todo tipo de atos de terror, segundo a livre interpretação do vigia. Assim, era permitido reagir a sua discrição quando, por exemplo, o prisioneiro contatava com civis, comerciava com o mercado negro, trabalhava sem esmero suficiente e distanciava-se muito do local do trabalho. Como nos diz o citado autor, as regras, mais que limitar o terror, eram características de uma esfera de poder absoluto. Não atribuíam responsabilidade, senão garantiam impunidade. Um bom exemplo, entre tantos, do que significavam regras sancionadoras ou disciplinares de textura completamente aberta.

Era tal o acúmulo de regras a que os presos deviam atender, e tão impreciso seu enunciado, que o cumprimento simultâneo de todas era impossível. Se fizesse o que se fizesse, sempre se estava na possibilidade de violar alguma norma, o que facultava ao vigilante para reprimir o seu anseio. Novamente, nos termos de Sofsky: "posto que aos presos estivesse tudo proibido, ao pessoal estava tudo permitido". Tudo o que se pudesse acolher à evanescente arenga da grandeza nacional e à superioridade daquele povo de senhores que, ao que parece, era o povo alemão.

1.4. Organização da vida diária dos prisioneiros

A sociedade dos campos de concentração era radicalmente desigual. O estatuto dos presos oscilava entre os considerados infra-humanos, que padeciam todo tipo de penalidade e atrozes sofrimentos, e a aristocracia dos prisioneiros, que chegava a viver luxuosamente. Do que dependia um ou outro destino no campo? Determinantes eram, supostamente, a sorte, a inteligência e a capacidade de sobrevivência, porém sempre sobre o pano de fundo de uma divisão dos prisioneiros em categorias que marcavam o limite da vida possível de cada um. Os SS classificavam-nos, e cada qual portava o distintivo que correspondia à sua categoria.

Tal classificação não somente tinha funções de identificação; servia, fundamentalmente, para a estruturação interna entre os presos e a repartição de funções e poder. Em verdade, a organização da sociedade do campo e a situação de cada preso dependiam da combinação de quatro fatores classificatórios. Seguimos, nesse sentido, o resumo de Sofsky.

Primeiramente, o critério racial. Dividiam-se os internos em humanos e infra-humanos. Essa última condição, subumana, atribuía-se a judeus, a ciganos e a escravos (russos, poloneses... checos estavam em um lugar intermediário nessa escala). Os considerados não humanos padeciam das maiores crueldades e não podiam ascender a postos e a destinos melhores.

O segundo fator de catalogação era a origem geográfica e nacional. Os internos nórdicos, noruegueses ou dinamarqueses eram considerados arianos e recebiam melhor tratamento e destino que franceses, italianos ou espanhóis.

O terceiro fator era a condição política do prisioneiro. Os prisioneiros políticos, os únicos que costumavam ter alguma organização interna, especialmente os comunistas, podiam ocupar os mais altos destinos administrativos entre os internos, disputando-se sempre essa condição com os "criminosos".

O quarto fator era o enquadramento social. Os considerados "associais" e, especialmente, os homossexuais eram objeto de especiais maus-tratos.

Em consequência, quem possuía as melhores possibilidades de sobreviver no campo, sobretudo à base de conseguir um bom posto na distribuição de hierarquias e funções, eram os prisioneiros alemães ou "arianos", os "criminosos" e os "políticos". As melhores perspectivas eram sempre, supostamente, as que se apresentavam a "criminosos" ou a "políticos" alemães.

Esses destinos e funções que permitiam melhores condições de vida, melhor alimentação, menos maus-tratos e possibilidade de acessar objetos valiosos para o comércio dentro do campo, eram o serviço privado aos SS (buscando para esse trabalho, sobretudo as testemunhas de Jeová, internadas por objetores), a enfermaria, a cozinha, os armazéns, as oficinas. Nas palavras de Sofsky, o trabalho privilegiado proporciona a posse de bens; a posse de bens aumenta o capital social e as possibilidades de mover-se no mercado, e esses bens, novamente, incrementam a probabilidade de conseguir um trabalho melhor. E, assim, sucessivamente. Graças a isso, alguns capos e decanos (logo veremos o significado desses postos) chegavam a ter suas habitações privadas, seus serventes, alimentos abundantes, bons licores, tabaco, joias, entre outros bens.

Tudo isso ocorria no marco de um perverso sistema de autoadministração do campo, organizado por regramentos da SS. Os guardiães SS se ocupavam da vigilância externa e de uma espécie de supervisão. Porém, as tarefas de ordem e administração interna do campo eram exercidas pelos próprios prisioneiros conforme um sistema de hierarquias e responsabilidades que, unido à luta pela sobrevivência, acentuava ferozmente os padecimentos e a prática do terror.

Os SS nomeavam, entre os prisioneiros, um decano do campo (*Lägeralteste*), responsável geral da ordem e da disciplina. Esse, por sua vez, designava um decano de cada barracão (*Blockälteste*), sempre com o visto bom das SS, e o decano de cada barracão podia nomear seu próprio pessoal auxiliar. A todos eles correspondia, nesta hierarquia: manter a ordem, fazer cumprir os regramentos e reprimir as transgressões. Respondiam pessoalmente e pelo estrito cumprimento de sua missão. E da conseguinte satisfação da SS do campo, dependia a conservação desse posto, que os livrava dos trabalhos duros e lhes outorgava privilégios que asseguravam sua sobrevivência. Em consequência, muitos dos piores tratos que os prisioneiros sofriam no dia a dia provinham de seus próprios companheiros detentores daqueles cargos.

Algo parecido ocorria com os grupos de trabalho (*Arbeitskommandos*) nos quais os prisioneiros se enquadravam para seu trabalho fora do campo, em canteiros, caminhos, construções, entre outros. Cada um desses "comandos" estava liderado por um *Kapo*, isento do trabalho físico e cujo trabalho era velar ferreamente pelo zelo e esforço dos prisioneiros em sua tarefa.

Importante poder detinham também os prisioneiros que trabalhavam nas oficinas do campo, levando relações de nomes, destinos, trabalhos e estatística. Tinham a relevante possibilidade de quitar, pôr e trocar nomes e decidir, assim, o destino de muitos internos, como bem se vê no filme que comentamos.

Os nazistas também aplicaram a estratégia de encomendar a autoadministração nos guetos judeus, como se aprecia no filme. Tais guetos ficavam sob administração e governo interno do Conselho Judeu (*Judenrat*) e possuíam sua própria polícia interna. Tudo isso produzia uma importante fratura social, um emaranhado de cumplicidades e esperanças de salvação individual e prática, de grandes crueldades entre os próprios encarcerados no gueto.

Os guetos foram os espaços nos quais inicialmente se confinaram os judeus das principais cidades da Europa Oriental. Por exemplo, no de Lodz, encarceraram-se 150.000 judeus, em 1940; no de Varsóvia, 445.000, em outubro de 1940. O modo de vida e as tremendas penalidades no gueto de Varsóvia se recriam maravilhosamente em outro filme recente, *O Pianista*, de Roman Polanski, baseado na obra autobiográfica do pianista Wladyslaw Szpilman, publicado na Espanha sob o título *O Pianista do Gueto de Varsóvia*. Calcula-se que, nos guetos do Oriente, morreram 800.000 judeus por fome, enfermidades e assassinatos. Por volta de 1942, os guetos foram moldados, e os judeus que ainda os habitavam foram enviados em massa aos campos de extermínio.

Voltando à vida diária dos prisioneiros, a pauta constante era o mais absoluto terror e a total indefinição. Sob a aparência de regramentos que taxavam faltas e sanções, o que existia, na verdade, era o absoluto poder de carcereiros, decanos e capos, para a livre e totalmente impune administração do terror, da tortura e da morte. Qualquer coisa que o prisioneiro fizesse, molestando a um guarda ou a um superior, podia desencadear uma violência sem limite. A única estratégia para sobreviver era fazer-se invisível, tratar de não cruzar o caminho de guardas e capos. O poder de guardas e capos era um poder absoluto, total, radical. Qualquer ação poderia livremente interpretar-se como violação de algum preceito regulamentar. As regras eram tantas, tão vagas, tão contraditórias e tão desconhecidas, que nem a mais escrupulosa vontade de obediência poderia livrar o interno do castigo arbitrariamente administrado pelos que eram, na realidade, não aplicadores de normas, senão senhores absolutos de direito e sanções. Um bom laboratório, um laboratório terrível, para entender o que é a antítese do Estado de Direito e suas garantias para presos e cidadãos administrados.

Por outro lado, como muitos estudos vêm mostrando até hoje, a prática de excessos e crueldades de todo cunho, por parte do pessoal dos campos, não seria apenas expressão de crises momentâneas de enfado ou desgosto, senão mera manifestação de uma forma de organização na qual excesso não era excesso, senão normalidade, exercício tranquilo de poder e competência, terror, sim, porém terror institucionalizado, parte da rotina organizativa do local. Assim, podemos entender, no filme, por exemplo, os disparos que o comandante do campo, Goeth, realiza do terraço de sua casa para matar tranquilamente algum prisioneiro. Não são ações levadas por propósito, cálculo ou interesse de algum tipo, senão puro exercício imotivado de poder, como quem se senta para contemplar o céu. Algo de tudo isso tem a ver com a banalização do mal de que falou Hannah Arendt a propósito de Eichmann.

Além disso, tanto os comandantes como o restante de oficiais e pessoais que foram depois da guerra julgados, raramente deram mostras de dor ou arrependimento, ou de simples consciência sincera de haver atuado com maldade e de maneira reprovável. Sempre e quase todos se mostraram alheios a qualquer idéia de responsabilidade pessoal. Contemplavam-se a si mesmos como simples peças de um mecanismo que os transcende, como partes de um motor que meramente estão em seu lugar cumprindo a função que na empresa coletiva lhes compete. Estavam adestrados para a disciplina absoluta e para a insensibilidade total ante o sofrimento "dos outros" e, seguramente, esse adestramento abonava personalidades já, por si, com profundíssimas deformidades. Impressiona ler o relato autobiográfico de Höss, voluntário comandante de Auschwitz durante a "solução final", escrito quando se falava nas carcerárias polonesas de pós-guerra esperando o julgamento que saldaria sua posterior execução por enforcamento. Não é uma confissão, senão as recordações de um funcionário orgulhoso de seu céu, sua eficácia e da alta qualidade de seu serviço.

Ouçamos o próprio Höss descrever com esmero e profissionalismo o modo pelo qual se procedia com os carregamentos de deportados que chegavam a Auschwitz para seu extermínio. O que se segue foi escrito em novembro de 1946, nas circunstâncias citadas, e está no livro *Kommandat in Auschwitz. Autobiographische Aufzeichnungen des Rudolf Höss*, editado pela primeira vez, em alemão, em 1958, pelo historiador Martin Broszat:

> "Os judeus distribuídos para o extermínio eram levados até os crematórios do modo mais tranqüilo possível, separando-se os homens e as mulheres. Havia uma dependência para desvestir-se e ali os presos do comando especial que

estavam encarregados lhes diziam em suas respectivas línguas que iam somente tomar banho e terem seus piolhos catados, que colocassem ordenadamente suas roupas e que memorizassem aonde as deixavam, a fim de que pudessem encontrá-las rapidamente depois de retirados os parasitas. Os próprios presos do comando especial tinham o maior interesse em que tudo transcorresse de modo rápido, tranqüilo e sem alterações. Uma vez nus, os judeus entravam nas câmaras de gás, as quais, dotadas de torneiras, canos e tubos, davam toda a aparência de lugares de banho. Entravam primeiramente as mulheres com as crianças e logo depois os homens, que sempre eram em número menor. Isto ocorria quase sempre de maneira tranqüila, pois os assustados e os mais espertos, que podiam suspeitar, haviam sido tranqüilizados pelos prisioneiros do comando especial. Os prisioneiros do comando especial e um membro das SS permaneciam até o último momento dentro da câmara.

A porta se fechava com rapidez e de imediato o gás se arrojava através dos buracos que havia no teto da câmara de gás como saídas de ventilação. O gás fazia efeito de imediato. Através das janelas de observação que havia na porta se podiam ver os mais próximos aos buracos caírem imediatamente mortos. Pode-se dizer que aproximadamente um terço morria no ato. Os demais começavam a cambalear-se, a gritar e a buscar ar desesperadamente. A gritaria se convertia rapidamente em grunhidos e em poucos minutos todos jaziam. Com no máximo 20 minutos, nada se movia. O gás tardava de cinco a dez minutos em fazer seu efeito, dependendo do clima, úmido ou seco, frio ou morno, e também da qualidade do gás, que nem sempre era a mesma. Também dependia de que se tratasse de pessoas sãs ou velhas, doentes ou crianças. A falta de movimento chegava em poucos minutos, em razão da lonjura ou proximidade dos buracos de ventilação pelos quais saía o gás. Os que estavam gritando e os velhos, doentes, débeis e crianças caíam mais rapidamente que os sãos e jovens.

(...)

O comando especial tirava dos cadáveres os dentes de ouro e cortavam eles pelos das mulheres. Logo subiam os corpos com o elevador até os fornos que já estavam quentes. Segundo o tamanho do corpo, se colocavam de dois até três cadáveres em cada câmara de forno. Também a duração da incineração dependia dos caracteres de cada corpo. Duravam em média uns vinte minutos. Como já falado antes, os crematórios I e II podiam queimar uns 2.000 cadáveres a cada vinte e quatro horas; mas não era possível sem risco de causar avarias. Os crematórios III e IV deviam ser capazes de queimar 1.500 corpos a cada vinte e quatro horas, porém, pelo que eu sei, nunca se alcançaram estas cifras. Durante toda a incineração a cinza caía constantemente através das grelhas e de imediato era recolhida e moída. A farinha de cinzas era levada em caminhões ao rio e ali se espalhavam ao ar a pazadas."

Tudo estava minuciosamente disposto. No filme, recria-se aproximadamente, a tão famosa "rampa de Auschwitz". A entrada de campo era o lugar onde, ao chegarem os trens cheios de judeus deportados, selecionavam-nos para irem diretamente às câmaras de gás ou para serem internados no campo como força de trabalho. Não há que se duvidar de que Auschwitz era um campo misto de extermínio e concentração. Em outros campos de extermínio, somente se efetuava o deslocamento direto às câmaras aos quais provisoriamente, por dias ou semana, integrariam os "comandos especiais" que tinham que fazer os trabalhos com os cadáveres.

Na rampa de Auschwitz, a seleção era feita pelos médicos das SS. Com uma rapidíssima olhada, determinavam a aptidão dos prisioneiros para o trabalho ou sua inutilidade, em cujo caso o único destino era a execução imediata. Instalações e procedimentos similares de seleção na chegada dos deportados havia também em outros campos. E não somente na chegada se praticavam as seleções; em qualquer momento, os prisioneiros eram chamados para formar e dentre eles se elegiam os mais débeis e deteriorados para a execução imediata. Do mesmo modo, os médicos SS voltavam todos os dias à enfermaria, escolhendo os que deviam ser sacrificados cada dia. Onde não houvesse câmara de gás, ou antes de instalá-las, os procedimentos de execução variavam. Muitos milhares foram assassinados mediante injeções letais de fenol no coração. Em Auschwitz, um "enfermeiro" chamado Josef Klehr administrou a injeção letal em mais de 25.000 homens entre 1941 e 1943. Foi condenado em 1965, em Frankfurt, no chamado "Processo de Auschwitz" a quinze anos de prisão (!), considerado cooperador, segundo uma linha jurisprudencial que, logo veremos, considerava autores somente Hitler e seus mais altos adeptos.

2. Personagens do filme

2.1. Oskar Schindler

Oskar Schindler (1908-1974) era alemão nascido na cidade checa de Zwittau (Moravia), que, na infância, teve como vizinhos mais próximos e melhores amigos os filhos de um rabino judeu. Em sua cidade, foi conhecido com o sobrenome de *Gauner* (espertalhão, trapaceiro). Casou-se com Emilie Schindler (de solteira Pelz) em 1927, depois de uma relação de seis semanas. Emilie, idêntica à mãe de Oskar, era muito religiosa. Em 1935, a família paterna de Oskar caiu em falência com a crise de sua fábrica de maquinários agrícolas, e seu pai abandonou sua mãe, que morreu pouco depois. Afilia-se ao partido em 1938 e, nesse mesmo ano, passa a formar parte do serviço de inteligência do exército alemão, com o qual se livrou de prestar serviço de armas. Deslocou-se à Cracóvia imediatamente depois que a Polônia havia caído em mãos do exército nazista. A região da Cracóvia esteve governada sob o nazismo pelo jurista Hans Frank, um dos processados em Nuremberg. Na Cracóvia, Schindler vive sem sua mulher em uma casa apropriada por uma família judia.

No período seguinte, os fatos de sua vida estão basicamente recolhidos no filme. Faz-se com o que antes eram duas fábricas de móveis esmaltados e utilizam seus contatos com hierarquias nazistas para conseguir mão-de-obra judia, primeiro, do gueto e, logo, do campo de Plaszow. Sua influência sobre Amon Goeth e outros hierarcas nazistas corruptos (desculpe a redundância) permite-lhe conseguir um campo auxiliar na localidade de Zablocie, onde está sua fábrica, e ali se alojam seus trabalhadores. Cerca de 900 trabalham então para ele. Quando, em outubro de 1944, o campo de Plaszow é levantado, ante a proximidade do exército russo, cobra permissão para abrir uma fábrica de munição em Brünnlitz, perto de sua cidade de origem. Consegue levar os judeus que, com ele, trabalhavam. Além disso, inteirado de que em uma estação próxima, encontravam-se, certo dia, cerca de cem prisioneiros judeus evacuados do campo de Goleszów, cobra que os encomendem também e os leva para sua fábrica. Na fábrica, os judeus tiveram condições de vida relativamente boas, graças, em grande parte, à preocupação de Emilie Schindler.

Depois da guerra, todas suas iniciativas acabam em fracasso. Tentou fazer um filme, sem consegui-lo. Em 1949, o Comitê Judeu lhe pagou 15.000 dólares como gratidão por seu trabalho. Além disso, o Governo alemão lhe indenizou com 100.000 marcos pela confiscação de suas propriedades no Oriente. Emigrou à Argentina junto com sua mulher, sua amante e cinco ou seis de seus trabalhadores judeus com suas famílias. Fez uma granja e se dedicou a criar frangos e lontras. Quebrou. Em 1958, deixa a Argentina e abandona Emilie (e sua amante). Recebe nova ajuda judia para se instalar em Frankfurt, onde tenta montar uma fábrica de cimento, que também quebra. Em 1961, é convidado por um grupo de seus antigos trabalhadores a viajar a Israel. O Estado o nomeia *Righteous Gentile* em 1962. Na sua volta à Alemanha, em troca, sofre frequentes desprezos de seus concidadãos. Até sua morte em Hildersheim, em 1974, viajou cada ano a Israel sempre às expensas de "seus" antigos judeus.

Quanto à Emilie Schindler, que chegou a assistir ao filme de Spielberg e a dizer que não reconhecia nele seu marido, seguiu na Argentina. Acabou perto de Buenos Aires, financiada também por organizações judias. Quando, após a estreia do filme, foi a ela perguntado em uma entrevista se seu marido havia sido um santo ou demônio, respondeu: um santo do demônio. Morreu em outubro de 2001, aos 94 anos.

2.2. *Amon Goeth, comandante do campo de Plaszow*

O personagem do comandante do campo de concentração, interpretado no filme por Ralph Fiennes, corresponde a Amon Goeth. Goeth havia nascido em 1908, em Viena. Antes de ingressar no partido nazista em 1930, e nas SS em 1932, havia trabalhado em uma editora. Provinha de uma família acomodada e dedicada ao negócio de imprensa. Ocupou distintos destinos nas SS nos campos de Szebnie, Bochnia, Tarnów e dirigiu a operação de liquidação do gueto de Cracóvia. Sua nomeação como comandante do campo de Plaszow foi a culminância de sua carreira.

Sua atuação como comandante de campo é, unanimemente, recordada como um exercício diário de sadismo. Impôs condições muito duras aos prisioneiros, fazendo-lhes muito difícil a sobrevivência. Organizava, em detalhes, execuções, torturas e crimes coletivos. Por exemplo, no dia de Yom Kippur de 1943, Goeth, conjuntamente com um grupo de SS ao seu comando no campo, tiraram de sua barraca 50 prisioneiros judeus e os mataram a tiros. Em outras vezes, fazia com que seus dois cachorros, chamados Ralf e Rolf, atacassem e devorassem algum prisioneiro, como ocorreu a um, chamado Olmer, segundo declarou no julgamento de Adolf Eichmann, em Israel, o interno sobrevivente Moshe Beijski. Também parece ser verdade o costume de disparar arbitrariamente do terraço de sua casa com seu rifle nos prisioneiros, como recriou no filme.

Goeth dirigiu o campo de Plaszow de fevereiro de 1943 a setembro de 1944. Nessa última data, os SS o detêm sob acusações de corrupção, entre elas, a de apropriar-se de bens de judeus, os quais, segundo a legislação nazista, pertenciam ao Estado. Foi como consequência da mesma investigação que conduziu, inclusive, a execução de outros comandantes de campos mais importantes como Karl Koch e Hermann Flostedt. A guerra acabou antes que finalizasse o processo, motivo que o deixou em liberdade. Já, em janeiro de 1945, havia saído do cárcere por causa de sua diabete. Estava recebendo o tratamento em um centro sanitário das SS em Bad Tolz quando foi detido, em fevereiro de 1945, pelas tropas americanas de Patton. Foi entregue às autoridades polacas depois de terminada a guerra e, na Polônia, julgaram-no entre 27 e 31 de agosto e entre 2 e 5 de setembro de 1946. Foi declarado culpado de assassinatos e condenado à morte. Solicitou, sem êxito, a clemência do Presidente do Conselho Nacional Polonês. Foi executado mediante enforcamento, como vimos no filme, perto de Plaszow, uma semana depois de concluído o julgamento. Durante o processo, manteve uma atitude de provocativa indiferença, aceitou os fatos que o imputavam, porém alegou que tudo o que havia feito foi em cumprimento das funções de comandante de campo e cumprindo ordens de seus superiores. Ao ser enforcado, gritou *"Heil Hitler"*, como mostra o filme, em um ato final de arrogância. Um extrato da sentença contra Goeth pode ser vista em: http://www.ess.uwe.ac.uk/WCC/goeth.htm.

3. Lugares do filme

3. 1. O Campo de Plaszow

Plaszow foi, inicialmente, em 1942, um campo de trabalhos forçados e logo, desde janeiro de 1944, campo de concentração. Estava situado a dez quilômetros da cidade de Cracóvia. Levantou-se na instalação de um antigo cemitério judeu. A capela judia próxima ao cemitério foi convertida pelos alemães em um estábulo.

O campo alcançou sua maior extensão, com 81 hectares, em 1944. Era rodeado por um duplo arame eletrificado de quatro quilômetros. Tinha distintas seções. Em uma parte, estava a zona residencial do pessoal da vigilância. Em outras seções, estavam as fábricas e os barracões. A zona de barracões se dividia em uma seção para homens e outra para mulheres. Havia prisioneiros, judeus e polacos, porém, uns e outros se falavam separadamente. O campo chegou a abrigar cerca de 23.000 prisioneiros em meados de 1944, dos quais, nessa data, aproximadamente 8.000 eram judeus húngaros.

Tal como o filme mostra, nos dias 13 e 14 de março, desalojou-se o gueto de Cracóvia. A maior parte de seus habitantes foi deportada a Auschwitz. Cerca de 2.000 judeus foram assassinados nas próprias ruas do gueto e enterrados em uma fossa comum, em Plaszow. Dos sobreviventes do gueto, aproximadamente, 8.000 foram transferidos ao campo de Plaszow.

No campo, as funções principais que já conhecemos, decanos e capos, eram desempenhadas por prisioneiros criminosos alemães.

Calcula-se que, no campo de Plaszow, tenham sido assassinadas umas 8.000 pessoas. Quando as tropas russas se aproximavam, em 1944, começou o desmonte de Plaszow, e os prisioneiros foram transferidos a outros campos de concentração e extermínio. As autoridades do campo trataram de apagar as marcas dos crimes exumando os cadáveres e queimando-os como fizeram em muitos outros lugares. O último prisioneiro de Plaszow foi deportado a Auschwitz em 14 de janeiro de 1945. No dia seguinte, as tropas russas liberavam Cracóvia, após duríssima batalha.

Esse é o momento em que também tem de ser levantada a fábrica de Schindler em Cracóvia, que era um subcampo do campo de Plaszow. É quando então, para evitar a deportação de seus obreiros judeus, Oskar Schindler paga oficiais nazistas e compra uma nova fábrica sob a forma de subcampo do campo de Gross-Rosen. Dessa vez, em Brinnlitz, perto de sua cidade de Zwittau, em Moravia, ao sul dos Sudetes checos.

3.2. O gueto de Cracóvia

Cracóvia foi ocupada pelo exército alemão em 6 de setembro de 1939. Os nazistas nomeiam um Conselho Judeu e pouco depois começa o terror no bairro judeu. Em 3 de março de 1941, ordena-se a organização de um gueto ao sul da cidade. O gueto se isola com muros e alambrados. Nele, chegaram a viver 19.000 judeus, em um espaço de seiscentos por quatrocentos metros. Em princípio de 1942, as SS detêm os líderes intelectuais do gueto e os deportam a Auschwitz. Em maio desse mesmo ano, começaram as deportações massivas aos campos de extermínio. Entretanto, as SS matam mais de 1.000 judeus no próprio gueto. Em 13 de março de 1943, os habitantes da chamada parte A do gueto são deportados ao campo de Plaszow. Pouco depois, envia-se o restante a Auschwitz-Birkenau.

As cenas do filme que transcorrem no gueto de Cracóvia foram filmadas no velho bairro judeu de Kazimierz, na Cracóvia, pois, no lugar originário do gueto, chamado, Podgorze, há agora construções modernas.

IV. O direito ante o nazismo: luzes e sombras

Para os juristas, o nazismo supôs e supõe um autêntico desafio teórico e prático, um fenômeno histórico que pôs à prova a capacidade de resposta do Direito frente a fenômenos de assassinatos e abusos de tal magnitude e peculiaridade como a era moderna não havia conhecido (ainda que desgraçadamente não fosse um caso único desse tipo no século XX como hoje já o sabemos). Terminada a Segunda Guerra Mundial, o desafio consistiu em ver o que se podia fazer no Direito, desde os princípios do Estado de Direito, nas antípodas da barbárie nazista, com os responsáveis de tão selvagens práticas, tanto organizadores e planejadores como os diretamente executores. Mais ainda, essa pergunta sobre o que fazer e como fazer no Direito com os que cometeram tão atroz genocídio e tão asquerosos crimes se colocou com um duplo alcance. Por um lado, tratava-se de ver que soluções podiam e deviam dar à comunidade internacional, e isso também em um duplo sentido, como castigo dos culpados do acontecido e como prevenção para que fatos semelhantes não tornassem a ocorrer. E, por outro lado, ficava aberta a interrogação sobre como procederia a Alemanha (ou, melhor dito, as duas Alemanhas que, depois da guerra, surgiram) com tantos de seus próprios cidadãos gravemente marcados como criminosos nazistas.

O balanço dessas duas dimensões é de luzes e sombras. No positivo, conta-se a esperança, nascida com os Julgamentos de Nuremberg, de que o Direito Internacional podia ser dotado de elementos firmes e consolidados, com os quais perseguiria eficazmente os delitos de genocídio e os crimes massivos ocorridos em qualquer Estado. Porém, como veremos, foi necessário um período que chega até agora mesmo para que os avanços nesse terreno alcançassem uma mínima operatividade prática como hoje ocorre (ou melhor, pretende-se) com a criação do Tribunal Penal Internacional. No lado negativo, há de se pôr o altíssimo grau de impunidade com que ficaram a maioria daqueles crimes e seus autores, no contexto de uma Alemanha comunista, por uma parte, que praticava a justiça seletiva e enganosa que corresponde à nova ditadura em que, de imediato, se converteu; e de uma Alemanha Ocidental à República Federal Alemã, que exerceu, em suas primeiras décadas de existência, uma política de fuga para o ouvido e a desculpa coletiva, governada por um conservadorismo contaminado de cúmplices e, em meio à guerra fria, com uma comunidade internacional mais interessada em alistar aliados incondicionais que em abrir feridas e remover o passado. Essa camada de espesso silêncio e de nulo interesse por desenterrar obscuras trajetórias de muitos personagens públicos, ao menos, alcançou ocasiões extremas sufocantes. Pensemos, para citar, somente um caso espetacular, no caso Waldheim: anos depois que Kurt Waldheim terminara em seu cargo de Secretário-Geral da ONU, descobriu-se seu posto de tenente do exército nazista envolto, ao que parece, em operações não especialmente louváveis. E, assim, tantas outras histórias. Como a do relato daquela sequência do Tribunal Constitucional Alemão que deu por constitucional a lei que impedia, na República Federal Alemã, a possibilidade de ascender à condição de funcionários públicos quem, alguma vez, tivesse militado no Partido Comunista. Servia de argumento o fato de aquele que havia estado comprometido com o partido de ideologia incompatível aos fundamentos do Estado de Direito, não podia ser servidor leal e confiável deste Estado; e o relator de tal decisão do mais alto tribunal havia sido, sob o nazismo, fiscal do Tribunal Especial de Bamberg e impulsor de, ao menos, cinco sentenças de morte, dessas que não assumiria precisamente quem acreditasse no Estado de Direito.

Além desses problemas jurídicos mais práticos, o nazismo supôs também um verdadeiro terremoto em nossa cultura jurídica ocidental e moderna e se converteu, como não podia ser menos, no *experimentum crucis* ou na pedra de toque da contemporânea

Teoria do Direito. A mais tradicional das questões da Filosofia do Direito, a de, se podia ser autêntico Direito um Direito gravemente injusto perdeu seu halo de abstração e se converteu em uma pergunta muito mais direta e categórica: se era realmente Direito o "Direito" nazista, cujas normas emanadas daquele regime, permitiam que se privasse gratuitamente de sua cidadania e propriedades os judeus; que se explorasse o trabalho escravo de opositores, ciganos, estrangeiros; que se condenasse à morte quem criticasse Hitler; que se esterilizassem alcoólatras, inválidos; que se encerrassem, nos campos de concentração, por tempo indefinido, os delinquentes que já haviam purgado seus delitos no cárcere; que se repetissem os julgamentos cujo veredicto desagradava a Gestapo; que se sentenciasse à morte o judeu que mantinha algum tipo de relação emotiva, nem sequer sexual, com alemã ariana, além de outros atos.

1. Dos julgamentos de Nuremberg ao Tribunal Penal Internacional

Em 20 de novembro de 1945, começou, em Nuremberg, o processo contra 21 dos mais importantes dirigentes do nazismo. Mortos por suicídio nos instantes finais da guerra, Hitler e Goebbels, no banco se sentavam, entre outros, Göring, Hess, von Ribbentrop, Kaltenbrunner, Rosenberg, Frank, Dönitz, von Papen, Speer e o industrial Krupp. Acusado era também, este ausente, Martin Bormann, de quem nunca mais se soube ao acabar a guerra. Também se julgavam seis organizações ou grupos: o Governo, a direção de partido nazista, a polícia secreta, a Gestapo, as SS, as AS e o Comando Supremo do Exército.

A propósito, há uma famosa recriação cinematográfica desse julgamento, o filme de S. Kramer *Judgement at Nuremberg* (exibido na Espanha com o título de *Vencedores ou vencidos*), estreado em 1961 e protagonizado por Spencer Tracy, Burt Lancaster, Richard Widmarck, Marlene Dietrich, Judy Garland, Maximilian Schell, Montgomery Clift etc.

O julgamento finalizou com a condenação à morte por enforcamento de Göring, von Ribbentrop, Keitel, Kaltenbrunner,

Rosenberg, Frank, Frick, Streicher, Sauckel, Jodl, Seyss-Inquart e Bormann; à prisão perpétua a Hess, Funk e Raeder; penas limitadas de cárcere se decretaram para Speer (20 anos), Dönitz (10 anos), von Schirach (20 anos) e von Neurath (15 anos). Foram absolvidos von Papen e Schacht. Os condenados à morte foram executados em 16 de outubro de 1946 em Nuremberg, com exceção de Göring, que se suicidou duas horas antes do momento da execução, e de Bormann, que, como já dissemos, foi julgado à revelia e nunca reapareceu. Outro dos inicialmente processados, Robert Ley, suicidou-se anteriormente ao começo do julgamento. Já, o industrial Gustav Krupp von Bohlen und Halbach foi declarado processualmente incapaz, e as autuações contra ele não continuaram.

Os julgamentos de Nuremberg colocam importantes problemas teóricos e técnicos. Pense-se que se tratava de julgar os responsáveis de um Estado criminal a partir dos pressupostos do Estado de Direito, isto é, sem incorrer no tal julgamento em justiças paralelas que deslegitimassem o processo e fizessem crer que se tratava de uma pura revanche das potências vitoriosas na guerra, mera "justiça de vencedores". E, para que o processo respeitasse os direitos humanos e as garantias próprias do Estado de Direito, havia de cumprir alguns requisitos mínimos e irrenunciáveis, que se sintetizam no princípio da legalidade penal. Isso significa que os acusados têm de ser julgados de acordo com normas existentes anteriormente às suas ações, evitando, assim, a aplicação retroativa de normas penais desfavoráveis; há de se desconsiderar normas que tipifiquem como ilícitos puníveis os atos que perpetraram os acusados e que fundem a legitimação do tribunal para julgá-los.

De fato, esse foi um dos principais argumentos dos defensores: a invocação da falta de toda legitimação do Tribunal e de todo fundamento legal do julgamento e as possíveis condenações. O problema não é fútil e não estamos ante uma incômoda explicação técnica própria de legalistas. Não podemos perder de vista que, por mais repulsivo e imoral que um ato resulte, não basta esse rechaço moral, embora unânime, a fim de se poder condenar penalmente seu autor; necessita-se de que esse ato esteja também prescrito por uma norma legal anterior. A condenação moral não pode traduzir-se em condenação penal se não é ao preço de uma altíssima insegurança, de que os cidadãos fiquem submetidos à nossa vida, liberdade e destino aos puros caprichos e gostos dos que detêm o poder fático; isto é, precisamente o que, no nazismo, ocorria, pois lá o sacrossanto princípio *nullum crimen, nulla poena sine lege* foi substituído, na doutrina e na prática dos tribunais, pelo *nullum crimen sine poena*. Ou seja, que frente às garantias não castigar ninguém por fazer o que a lei não proibia, preferir-se-ia, no regime de Hitler, que ninguém que realizava condutas consideradas pelos juízes ou pelos mandatários julgasse merecedoras de castigo, ficasse impune, proibisse a lei ou não tais condutas.

A hábil alegação dos defensores em Nuremberg era que o tribunal incorria no sangrento paradoxo de julgar sem lei que amparasse a quem houvesse feito o que a lei então vigente não proibia, ou inclusive permitia e ordenava. Na realidade, os principais argumentos da defesa no conjunto dos julgamentos de Nuremberg podem se resumir na seguinte escala: a) o respectivo acusado não conhecia as atrocidades que se estavam perpetrando, inclusive os assuntos que eram de sua direta incumbência (soa familiar essa alegação, porém em temas que têm pouco a ver com o filme que comentamos); b) se o sabia, não era responsável, pois se limitava a cumprir ordens de seu superior, tal como correspondia à estrutura piramidal do Estado e a Administração; sempre se praticou a *reductio ad Hitler*: esse era o responsável último e único; ao fim e ao cabo, estava morto; c) ainda quando pudesse considerar-se que o acusado atuava com plena consciência e intenção, seu comportamento seria, sem dúvida, moralmente rechaçável, porém resulta juridicamente irrepreensível, pois não chocava, senão ao contrário, com o direito interno da Alemanha nacional-socialista, nem com o Direito Penal Internacional, que não existia de nenhum modo, antes dos acordos dos aliados que põem em curso os julgamentos de Nuremberg; d) e, postos a julgar abusos e crimes contra a humanidade, teriam então de sentar no banco também os aliados que ordenaram e executaram os bombardeios dos últimos meses de guerra, que arrasaram cidades inteiras da Alemanha, como Dresde. Esse último é o argumento chamado *tu quoque* e que vulgarmente poderíamos traduzir como "e tu que". A contestação que importantes tratadistas tem dado a esse último argumento é que há uma diferença substancial entre o bombardeio de uma cidade do país inimigo e o genocídio de um povo: o genocídio não é um meio para um fim, como ganhar uma guerra, senão um fim em si mesmo. Podem-se comparar, do modo que se quiser, o bombardeio de Dresden e o de Coventry, por exemplo, porém não cabe equiparar Dresde e Auschwitz. Pela mesma razão, seria um erro qualificar o extermínio de judeus ou ciganos como crimes de guerra, pois não eram ações tendentes a vencer em um confronto armado, e sim, processos, friamente planejados, de eliminação de povos ou inteiros grupos humanos.

Desenhado fica assim o problema em toda sua dramática intensidade. Nossa condição de cidadãos honestos e moralmente maduros faz-nos desejar que paguem suas culpas os responsáveis por tão horrendos crimes, que não fiquem sem castigo seres tão infectos, autêntica vergonha de todo o gênero humano. Porém, nossa paralela condição de militantes dos princípios e garantias do Estado de Direito nos obriga a sermos cuidadosos e a buscarmos apoio legal para que o mais louvável afã da justiça não acabe por legitimar novos exercícios de arbitrariedade. Fixemo-nos de novo no grande paradoxo que envolve os Julgamentos de Nuremberg: quem havia deixado de lado por completo o princípio da legalidade, invoca-o, agora, em sua defesa; quem, por aquelas arbitrariedades, julga-os agora, dificilmente encontra a legalidade que o apoie.

Daí que o Tribunal de Nuremberg se esforçasse tanto em exibir o fundamento de sua legitimidade e a base jurídica de suas falhas. A sentença do primeiro e principal desses julgamentos, ao qual, aqui, estamos referindo no momento, começa opondo-se àquelas objeções da defesa. Frente à alegação de que nenhuma norma anterior de Direito Internacional tipificava como ilícitas as ações pelas quais se julgam os acusados, diz o Tribunal que a guerra de agressão era crime de Direito Internacional como mínimo, desde o Acordo Kellog-Briand, de 1928. Contra a objeção de que o Direito Internacional se ocupa de ilícitos cometidos por Estados, não por pessoas particulares, responde o Tribunal que nunca são entidades abstratas as que delinquem, senão pessoas concretas, e que somente se podem castigar os autores efetivos, tem sentido a própria noção de crime internacional.

E ante a repetida alegação de que os acusados não faziam mais que cumprir ordens, tal como era seu dever, contesta o

Tribunal com esta frase, a que tantas voltas se darão em tantos casos posteriores, pois estamos ante o grande problema da "obediência devida": "que um soldado haja recebido uma ordem de matar ou torturar contrariamente ao direito internacional é algo que nunca tem sido reconhecido como algo que exima de tão brutais ações, se bem é possível que tal ordem seja levada em conta como atenuante na hora de estabelecer a pena. A autêntica pedra de toque não é a existência de uma ordem tal, senão a questão de se verdadeiramente era possível eleger um modo de atuar de acordo com a moral".

Nesse marco, vale a pena citar, por extenso, um trecho da magistral peça de oratória forense, que é a alegação final do fiscal americano em Juízo, Robert Jackson:

"Se resumimos o que nos tem contado toda a sequência de acusados, nos topamos com o seguinte ridículo panorama do governo de Hitler: Um homem número dois que não sabia nada dos excessos da Gestapo que ele mesmo havia organizado e que nunca teve a menor suspeita do programa de extermínio dos judeus, ainda quando ele mesmo era o assinante de mais de vinte decretos que puseram curso à perseguição desta raça. Um homem número três que era um inocente indivíduo médio que transmitia as ordens de Hitler sem parar sequer para lê-las, como se fosse um carteiro ou um recadeiro. Um ministro de exteriores que dos assuntos interiores sabia pouco e da política exterior não sabia nada. Um marechal de campo que distribuía ordens ao exército sem ter ideia de suas consequências na prática. Um chefe do aparato de segurança que atuava sob a impressão de que a atividade policial da Gestapo ou da polícia secreta, era, no essencial, equiparável à da polícia de tráfego. Um filósofo do partido que estava interessado na investigação histórica, porém que nem imaginava a violência que sua filosofia havia impelido no século XX. Um governador geral da Polônia que governava, porém não tinha poder. Um chefe de distrito de Franconia que se dedicava a editar imundos escritos sobre os judeus, porém que não tinha ideia de se alguém os leria. Um ministro do interior que não sabia o que ocorria em seu próprio ministério e menos ainda de suas próprias atribuições nem da situação do interior da Alemanha. Um presidente do banco do *Reich* que não conhecia o que se guardava nas câmaras couraçadas do seu banco e o que se tirava delas. E um encarregado da economia de guerra que orientava secretamente toda a economia com fins armamentísticos, porém que não tinha nem idéia de que tudo isso tivesse algo a ver com a guerra... Se vocês afirmam que estes homens não são culpáveis, seria igualmente verdadeiro dizer que não tem havido nenhuma guerra, que não se tem matado ninguém e que nenhum crime se tem cometido".

Voltando aos antecedentes do processo, podemos mencionar que, em 1940 e 1941, já houve protestos oficiais de Grã-Bretanha, Checoslováquia, Polônia, França, Estados Unidos e União Soviética por crimes cometidos contra os alemães durante a ocupação da Polônia e da Checoslováquia, pelo tratamento aos prisioneiros de guerra e pela execução de reféns. Em janeiro de 1942, celebra-se em Londres uma Conferência que finaliza com uma declaração que torna explícito o propósito de que sejam processados os autores de crimes de guerra. Em outubro do mesmo ano, dezessete Estados se reúnem, pela primeira vez, na Comissão de Crimes de Guerra das Nações Unidas, e fazem pública uma lista de crimes e criminosos de guerra. Em 26 de junho de 1945, as quatro potências aliadas se encontram em Londres na Conferência da qual saldará o Acordo para a perseguição e o castigo dos principais criminosos de guerra do Eixo europeu, de 8 de agosto de 1945. Nesse Acordo, ao qual aderiram outras dezenove nações, põem-se as bases organizativas para os processos de Nuremberg. Já, em 1943, havia-se decidido, no encontro em Moscou das quatro potências aliadas, que somente se levariam a juízo, desse modo, os principais criminosos e cujos crimes não se limitassem a um único espaço geográfico.

O artigo 6º do Estatuto de Londres estabelece os crimes para cujo julgamento é competente o Tribunal: crimes contra a paz, como plano, preparação e condução de uma guerra de agressão ou de uma guerra que vulnere os tratados internacionais; crimes de guerra, com vulneração das leis e usos da guerra, como assassinatos, maus-tratos ou sequestro de população civil para submetê-la a trabalho escravo ou para qualquer outro fim, execução ou abuso de prisioneiros de guerra, execução de reféns, apropriação de propriedades públicas ou privadas e crimes contra a humanidade como perseguições criminais por motivos políticos, raciais e religiosos.

Quanto ao fundamento jurídico primeiro da legitimidade do processo e do julgamento, mencionou-se, reiteradamente, no próprio Juízo, tanto por acusação como pelo próprio Tribunal, que, no Pacto Kellog-Briand, de 27 de agosto de 1928, quinze Estados, entre eles, a Alemanha, haviam se comprometido a afastar a guerra como instrumento de política nacional e a resolver os conflitos entre Estados exclusivamente por meios pacíficos. Sem embargo, também é verdade que em tal Pacto não se previa nenhum instrumento sancionador para o caso de não cumprimento do referido compromisso. Das condenações recaídas no Julgamento de Nuremberg, somente a de Rudolph Hess foi unicamente por esse delito contra a paz; as demais condenações foram também por crimes de guerra e crimes contra a humanidade.

Há curiosos paradoxos da história, como o de que o Estatuto que rege o Tribunal Penal Internacional tipifica com todos os requisitos do Direito Internacional, como logo veremos, o crime contra a humanidade, assim como o genocídio. Deixa, porém, no momento, sem cobertura como crime internacional, à espera de futura definição por maneiras previstas para a reforma do Estatuto, a guerra de agressão, como a qual fica submetida agora a competência do Tribunal. De tal maneira, perde-se, por um lado, uma parte do que pelo outro se avança. Se um Hitler de nossos dias, decidisse, de súbito, como na outra vez, invadir Checoslováquia e Polônia, não se lhe poderia julgar como criminoso internacional, de tal maneira que, em sua marcha triunfal, se abstivesse daqueles outros crimes.

A audiência do primeiro julgamento de Nuremberg durou 218 dias. No começo, todos os acusados presentes se declararam inocentes. O mencionado Robert Jackson, fiscal americano, abriu sua exposição inicial com as seguintes palavras, que se fizeram famosas:

> "As atrocidades que tratamos de julgar e castigar foram tão inimagináveis, tão malvadas e de tão devastadoras consequências, que a civilização humana não pode permitir que

fiquem sem resposta, pois não sobreviveria à repetição de tal atrocidade. Que quatro grandes nações, satisfeitas com sua vitória e dolorosamente atormentadas pela injustiça acontecida, não exerçam vingança, senão que deliberadamente submetam aos inimigos apressados ao veredicto da lei, supõe uma das mais importantes concessões que jamais tem feito o poder à razão".

E concluía Jackson com esta consideração, frente àqueles que viam, no processo, simples vingança dos vencedores:

"Devemos deixar claro a todos os alemães que a falta pela qual sentamos no banco seus derrotados dirigentes não consiste em que tenham perdido uma guerra, senão que a tenham começado".

Convém fazer alguma menção ao grave problema, antes aludido, de, se no Julgamento de Nuremberg se vulnerou ou não o princípio de irretroatividade penal. A saída mais corrente para negar tal vulneração consiste em dizer que os atos pelos quais se condenou em Nuremberg também se falavam, em realidade, proibidos pelo Código Penal Alemão no tempo em que ocorreram, pois encaixavam sob os tipos penais vigentes daquele Código como: assassinato, homicídio, detenção ilegal, lesões, roubo, entre outras. Segundo essa visão, não é que tais atos não fossem puníveis quando ocorreram, senão que o aparato nazista converteu em irrisória a eficácia real dessas normas penais que, sem embargo, formalmente, regiam. Outros autores, como Joachim Perels ou Kerstin Freudiger, prescindem de investigações sobre interpretação de preceitos penais vigentes sob o nazismo e passam a justificar a ruptura à proibição de retroatividade ante circunstâncias tão excepcionais: "a proibição – disse Kersting – somente pode cumprir sua originária função de proteger os cidadãos frente à arbitrariedade estatal no caso em que possa deixar-se em suspenso para a perseguição dos crimes cometidos sob o Estado de injustiça nacional-socialista". Em uma linha semelhante, em 1950, o Convênio Europeu de Direitos Humanos e Liberdades Fundamentais, artigo 7º, dispõe a proibição de retroatividade penal desfavorável, matizando, em seu inciso 2, o seguinte: "O presente artigo não impedirá o julgamento e o castigo de uma pessoa culpável de uma ação ou de uma omissão que, no momento de sua comissão, constituía delito segundo os princípios gerais de direito reconhecidos pelas nações civilizadas".

Até aqui, temos nos referido fundamentalmente ao primeiro Julgamento de Nuremberg. Porém, seguiram-no outros doze, em cada um dos quais se julgou um conjunto de acusados agrupados pelo tipo de atividades que levaram a cabo a organização a que pertenciam. Tais julgamentos foram contra médicos, juristas, industriais e banqueiros (os processos Flick, Krupp, IG-Farben), generais, ministros e altos funcionários e os chefes econômicos e administrativos das SS. Todos eles tiveram lugar ante tribunais norte-americanos em Nuremberg. Do total de 184 acusados nesses doze processos, alguns morreram durante a tramitação e o julgamento, e os restantes receberam as seguintes condenações: 24 foram condenados à morte (desses, 12 executados); 20, à prisão perpétua; 98, a penas de privação de liberdade de 18 a 20 meses; e 35 foram absolvidos.

Desde a *Lei de Controle nº 10*, de 20 de dezembro de 1945, dispôs-se que, para o julgamento em cada zona de ocupação dos delitos recolhidos no Acordo de Londres, seriam competentes os tribunais da respectiva potência ocupante. Na aplicação desse novo critério, os tribunais americanos iniciaram novos processos em Dachau, Darmstadt e Ludwigsburg. Neles, os acusados foram 1021, e os condenados, 885. Entre os principais acusados estava o pessoal dos campos de concentração de Buchenwald, Dachau, Flossenbürg, Mauthausen e Mittelbau-Dora.

Na zona de ocupação britânica, na Alemanha, processaram-se alguns altos militares e membros do pessoal dos campos de Auschwitz, Bengen-Belsen e Natzweiler, e também, os produtores do gás *Zyclon-B* usado em Auschwitz. Os acusados em tais processos somavam 1085. Desses, 240 receberam condenação à morte. Dos que cumpriam penas de liberdade, os últimos abandonaram as prisões britânicas em 1957 como consequência de sucessivas medidas de graça.

Na zona francesa, processaram-se, igualmente, alguns elementos do pessoal de campos de concentração como o de Neue Bremme, em Saarbrücken. Os condenados por esses tribunais militares franceses perfaziam 2017, sendo 104 deles condenados à morte. Dos que cumpriam cárcere, também, daqui, saíram os últimos em 1957.

No território ocupado pela União Soviética, não sabemos com certeza o número de julgamentos havidos, embora todos os estudiosos coincidam em que os processados foram mais de 10 mil.

Na mesma *Lei de Controle n° 10,* estipulava-se que as autoridades de ocupação podiam autorizar a competência de tribunais alemães para perseguir os crimes nazistas cometidos contra cidadãos alemães ou apátridas. Por essa via, na zona do que seria, depois de 1949, a República Federal da Alemanha, foram condenadas 4.419 pessoas por tribunais alemães; em alguns casos, por assuntos relacionados com crimes em campos de concentração como os de Meseritz-Obrawalde, Eichberg ou Hadamar. De todo o modo, do número total dessas condenações, somente umas cem o foram por delitos contra a vida.

A todos esses processados e aos que o seriam depois, nas duas Alemanhas, há que se somarem ainda os julgados em outros Estados. O número exato é difícil de determinar. Em um livro de 1984, A. Rückerl recordava que, na Bélgica, haviam sido processados até então 75 alemães acusados de crimes no nazismo na Dinamarca, 80; em Luxemburgo, 68; na Holanda, 204 e na Noruega, 80. Dados mais recentes sobre a Holanda, por exemplo, elevam para 239 o número de alemães e austríacos indiciados, hoje, por esses motivos, dos quais somente 3 seriam mulheres; deles haviam sido condenados 85%.

Há algumas circunstâncias um tanto escandalosas. Muitos dos que, em países como a França, foram julgados entre 1945 e 1955, foram-no em ausência à revelia, de modo que a pena que lhes foi imposta não pudesse ser aplicada. Depois de 1955, o Tribunal Federal Alemão deliberou que esses julgamentos eram válidos a todos os efeitos, o que significou que não se podia tornar a julgar na Alemanha pelos mesmos fatos aos condenados nesses julgamentos estrangeiros válidos. Porém, como também dispunha já então o artigo 16 da Lei Fundamental de Bonn que a Alemanha não poderia extraditar seus cidadãos a outros países, a consequência se apresenta em toda sua profundidade: se o condenado na França, por exemplo, vive na Alemanha, considera-se que tenha sido validamente julgado ali, porém não se pode extraditá-lo para que cumpra sua pena. Resultado: pode viver tranquilamente na Alemanha sem medo de ter que pagar por seu delito. Essa situação não mudou até 1975. E isso era assim ainda quando apareceram novas provas; nem sequer o podia levar ante os tribunais alemães se já tivesse sido julgado no estrangeiro, ainda que fosse à revelia. Tem-se chamado a isso uma "anistia de fato".

Desde 1º de julho de 2002, está em vigor o Tribunal Penal Internacional. Seu Estatuto foi aprovado em 17 de julho de 1998, na Conferência de Plenipotenciários em Roma. A favor do Estatuto votaram 136 países, abstiveram-se 21, e 7, entre eles os Estados Unidos, votaram contra. Para que o Tribunal entrasse em vigor, estabeleceu-se que deviam ratificar seu Estatuto, no mínimo, 60 países, e esse foi o número que se alcançou em 1º de julho de 2002. Outros ratificaram mais tarde. Os Estados Unidos seguem sem fazê-lo.

O Tribunal Penal Internacional havia sido uma aspiração proclamada pela ONU desde sua origem. Como precedente primeiro, cita-se sempre, ainda que não sem discussão, o dos primeiros tribunais de Nuremberg. Seu antecedente mais imediato forma o Tribunal Penal Internacional para a ex-Yugoslávia, nomeado por resolução do Conselho de Segurança da ONU de 25 de maio de 1993, para julgar "as pessoas responsáveis de sérias violações do Direito Internacional Humanitário no território da ex Yugoslávia", e o Tribunal Penal Internacional para Ruanda, proclamado por resolução do Conselho de Segurança da ONU, de 8 de novembro de 1994, para levar a julgamento os responsáveis de genocídio e outras graves violações do Direito Internacional humanitário no território de Ruanda e dos Estados vizinhos.

A pergunta que agora podemos fazer é esta: o que ocorreria, em termos de Direito Penal Internacional, se o Estado hitleriano houvesse realizado suas ações a partir de 1º de julho de 2002?

A primeira questão a ser esclarecida é o porquê desse limite temporal. O Tribunal somente julgará atos cometidos com posterioridade a essa data de entrada em vigor de seu Estatuto; isto é, não operará retroativamente. Isso significa, obviamente, que, ao Tribunal não se poderia submeter, por exemplo, um antigo comandante de campo de concentração nazista que se encontrasse vivo hoje ainda em algum lugar.

Quanto à questão de fundo da pergunta, a resposta é que se poderiam julgar criminosos como os dirigentes e supremos executores nazistas (e tantos outros que no século XX têm sido) por praticamente todos os delitos que o Estatuto do Tribunal tipifica em seus artigos 5º e 8º e que são os seguintes: genocídio, crimes de lesa-humanidade e crimes de guerra. O artigo 6º estabelece que o genocídio consiste, a esses efeitos, em perpetrar, "com a intenção de destruir total ou parcialmente um grupo nacional, étnico, racial ou religioso como tal" atos como matança de membros do grupo; lesão grave à integridade física ou mental dos membros do grupo; submissão intencional do grupo a condições de existência que hão de acarretar sua destruição física, total ou parcial; medidas destinadas a impedir nascimentos no seio do grupo e transferência por força de crianças do grupo a outro grupo. Já quanto ao crime de lesa-humanidade, cometem-no aqueles que realizam ações como as seguintes: "como parte de um ataque generalizado ou sistemático contra uma população civil e com conhecimento de tal ataque": assassinato, extermínio, escravidão; deportação ou transferência forçada de população; encarceramento ou outra privação grave de liberdade física em violação de normas fundamentais de Direito Internacional; tortura; violação; escravidão sexual; prostituição forçada; gravidez e esterilização forçadas ou qualquer outra forma de violência sexual de gravidade comparável; perseguição de um grupo ou coletividade com identidade própria fundada em motivos políticos, raciais, nacionais, étnicos, culturais, religiosos, de gênero, ou outros motivos internacionalmente reconhecidos como inaceitáveis com regramento do Direito Internacional; desaparecimento forçado de pessoas; o crime de apartheid; e outros atos inumanos de caráter similar que causem intencionalmente grandes sofrimentos ou atentem gravemente contra a integridade física ou contra a saúde mental ou física.

O artigo 8º define ações semelhantes e outras (tomada de reféns, ataques intencionais contra a população civil, saques, utilização de escudos humanos, execuções sem julgamento, alistamento de menores de 15 anos, como constitutivas do delito de crimes de guerra, "quando se cometam como parte de um plano ou política ou como parte da comissão em grande escala de tais crimes".

Significa o acima afirmado que onde quer que surja um Estado criminal como o nazista, desencadeia-se, sem mais, a competência do Tribunal Penal Internacional para julgar e, em seu caso, castigar seus dirigentes comprometidos com tais crimes? Não é tão fácil. Suponhamos que exista, na realidade, hoje, esse que chamaremos Estado Hitleriano. Para que possa o Tribunal atuar contra seus dirigentes, tem de existirem algumas destas três circunstâncias (art. 12 do Estatuto):

a) Que o Estado Hitleriano haja ratificado o Estatuto do Tribunal, com o qual se haverá submetido à competência desse;

b) Que os fatos que se julgam e se imputam a dirigentes do Estado Hitleriano tenham ocorrido em outro Estado que se tenha ratificado o Estatuto ou contra seus nacionais;

c) Que o Estado Hitleriano, se não ratificou o Estatuto, aceite a competência do Tribunal para julgar o caso concreto em questão.

Se não é com requisitos, não há nada a fazer. Ou seja, se o Estado Hitleriano não é parte do Estatuto, os fatos têm ocorrido em seu território ou no de outro Estado que tampouco é parte, e as vítimas têm sido nacionais seus ou de outro Estado que não é parte, o Tribunal não tem competência. Outra coisa é o que internamente cada Estado possa estipular conforme seu Direito interno, para o castigo dos que, no Estado Hitleriano, têm atentado contra seus nacionais.

A relação do Tribunal Penal Internacional com os tribunais dos Estados cujos criminosos internacionais se julgam é uma relação chamada de complementaridade (arts. 1º e 17). Tal fato significa que o Tribunal somente pode atuar quando não o faça a jurisdição nacional respectiva do Estado, em que os crimes foram cometidos, ou quando o julgamento que a jurisdição nacional leve a cabo, seja um mero subterfúgio para esquivar a responsabilidade de seus cidadãos por crimes internacionais.

Os que podem solicitar a atuação do Tribunal são seu próprio Fiscal, um Estado-parte ou o Conselho de Segurança da ONU. A pena mais alta que pode aplicar é a de prisão perpétua, se bem que restrita essa pena mais alta aos casos de extrema gravidade.

Em termos de Direito, a diferença mais importante que existe entre os Tribunais de Nuremberg e o Tribunal Penal Internacional é que este possui uma indiscutível competência e legitimação com regulação pelo Direito Internacional, enquanto daqueles é inevitável reconhecer que foi a desesperada tentativa de fazer justiça a crimes aborrecíveis em um contexto jurídico. Certamente, esse contexto carece de instrumentos propriamente aptos para fundar plenamente e com todo o rigor técnico-jurídico o julgamento penal de tais fatos, literalmente inimagináveis em nosso mundo civilizado antes que ocorressem. E a prova da dificuldade que é dispor de tais meios no Direito Internacional consiste precisamente no enorme tempo que teve de passar até chegar ao Tribunal Penal Internacional e as limitações com as quais, ainda assim, nasce.

2. A perseguição penal dos crimes nazistas depois dos julgamentos de Nuremberg

Os julgamentos de Nuremberg foram organizados e realizados pelas quatro potências vencedoras da Alemanha Nazista. Ao acabar a guerra, os Aliados deixam em suspenso o sistema judicial alemão e, na *Proclamação nº 2* das Forças Aliadas, dispõem que "todos os julgados alemães... dentro das zonas ocupadas ficam presos até nova ordem". Porém, essa situação durou pouco tempo, pois a necessidade prática obrigou-os a reabrirem pronta e progressivamente os julgados e os Tribunais da Alemanha. Pretenderam, primeiramente, fazê-lo com juízes alemães não contaminados pelo exercício de sua carreira sob o nazismo; entretanto, esses eram tão poucos que a tentativa fracassou. Quiseram logo equilibrar a composição dos Tribunais, integrando-a paritariamente a juízes que houvessem sido sob o nazismo e a outros que não, porém seguia faltando juízes. Acabaram readmitindo a imensa maioria dos ex-juízes do Estado nacional-socialista, com a condição de submetê-los a um processo de "desnazificação", uma espécie de cursinho. Daí que, com razão, falem os historiadores da continuidade entre a Justiça do nazismo e a da República Federal. Até o presidente, então, do Supremo Tribunal Federal Alemão, Hermann Weinkauff, havia sido integrante do Tribunal Superior do Reich, entre 1935 e 1945. Essa continuidade é mencionada sempre como uma das principais causas do pouco zelo de grande parte da magistratura alemã na hora de perseguir e condenar os criminosos do nazismo.

Não era unicamente na magistratura onde tal continuidade e habilidade dos que foram fiéis e esforçados funcionários do nazismo seriam apreciadas. Coloquemos somente dois exemplos mais, de muitos possíveis. Em 1954, foi nomeado para um alto cargo do Ministério da Justiça Franz Massfeller, que havia sido um dos assistentes, como funcionário do Ministério do Interior, à reunião no lago Wannsee em 22 de janeiro de 1942, na qual se decidiu pôr em curso a "solução final" com os judeus. Massfeller era também autor de um comentário, não crítico precisamente, das leis racistas de 1935, conhecidas como Leis de Nuremberg. Em 1976, Hans Purvogel, autor de um livro sobre o nazismo, "A Eliminação dos Inválidos mediante a Morte", foi designado Ministro da Justiça do Estado Federado da Baixa Saxônia. Um juiz trouxe à luz essa antiga publicação quando Puvogel foi nomeado Ministro. Esse juiz foi afastado e sancionado.

Esse é o marco, com seus claro-escuros, no qual terá lugar na Alemanha e pelos tribunais alemães a perseguição dos crimes de nazismo. Junto aos casos de escasso zelo no trabalho, devem-se mencionar também outros juízes e fiscais que colocaram seu maior empenho para que se fizesse justiça e se castigassem os culpados. Talvez o nome mais destacado para esse feito seja o do fiscal general de Hesse, Fritz Bauer.

Na sequência, primeiramente, deter-nos-emos nos números. Logo, aludiremos algumas questões e processos que têm relação mais próxima com os assuntos do filme e, em seguida, mencionaremos certos temas técnico-jurídicos que têm condicionado a ação da justiça.

Segundo os dados do Ministério Alemão Federal da Justiça, entre 8 de maio de 1945 e 1º de janeiro de 1996, os Tribunais da República Federal Alemã condenaram um total de 6.494 pessoas por delitos relacionados com o nacional-socialismo. Nesse mesmo prazo, a fiscalização iniciou autuações contra 106.496 pessoas, o que indica um índice muito baixo de processos judiciais e de condenações.

Se atentarmos somente aos crimes contra a vida, segundo a informação oferecida pela Universidade de Amsterdam, onde está em curso o projeto *Justiz und NZ-Verbrechen,* no qual se publicam os autos dos processos por delitos de nazismo (veja-se, www1.jur.uva.nl/junsv/inhaltsverzeichnis.htm), entre 1945 e 1997, foram processadas na República Federal da Alemanha por crimes contra a vida (assassinato, homicídio) sob o nazismo, um total de 1.875 pessoas, em 912 processos. Recaíram quatorze condenações à morte, cento e cinqüenta prisões perpétuas e oitocentas e quarenta e duas condenações de privação temporária de liberdade. Durante o mesmo período na República Democrática Alemã, a Alemanha Oriental ou comunista, o número de processos pelas mesmas causas foi de 744, e os acusados 1.190. Os dados anteriores significam que, na República Federal processaram-se, por crimes contra a vida sob o nazismo, três de cada 100 mil habitantes e, na República Democrática, sete, de cada 100 mil.

Consideremos os seguintes quadros comparativos dos processos nas duas Alemanhas, cujas informações se referem ao projeto holandês mencionado anteriormente (www.jur.uva.nl/junsv/schwerpost.htm). Para tanto, a República Federal será representado pelas iniciais, BRD, e a República Democrática, para tanto, DDR. As porcentagens representam a totalidade de processos aqui citados.

PROCESSOS	BRD	DDR
Até 1960	55%	88%
Desde 1960	45%	12%

Pena imposta	BRD	DDR
Pena de morte	0,7%	6%
Prisão perpétua	8%	8%
Privação temporária de liberdade	44%	67%
Sem pena (absolvição, sobrestamento, etc.)	47%	19%

VÍTIMAS ESTRANGEIRAS	BRD	DDR
Processos até 1960	32%	30%
Processos desde 1960	82%	79%

VÍTIMAS JUDIAS	BRD	DDR
Processos até 1960	21%	18%
Processos desde 1960	72%	62%

Os quadros que estão abaixo destacam a frequência com que, sobre o total de processos e acusados a que temos referido, perseguiram-se alguns tipos de delitos. O primeiro se refere aos processos contra médicos e colaboradores em práticas de eliminação "médica" de certos grupos, como inválidos, dementes, alcoólatras, entre outros. O segundo trata dos julgamentos contra juízes e fiscais por práticas judiciais aberrantes na aplicação do Direito nazista e que se traduziram no resultado de morte. Já o último refere-se aos processos contra dirigentes e administradores do aparato nazista, o que se conhece como processos contra os burocratas nazistas por crimes de despacho (*Schreibtischverbrechen*) que levaram aos mesmos resultados de morte. Por fim, o restante dos quadros trabalhados não necessita de especial elucidação de suas referências.

"EUTANÁSIA"	BRD	DDR
Processos até 1960	4,6%	2,3%
Processos desde 1960	2,7%	2,2%

CRIMES JUDICIAIS	BRD	DDR
Processos até 1960	3,6%	1,1%
Processos desde 1960	1,0%	4,5%

CRIMES DE GUERRA	BRD	DDR
Processos até 1960	8,2%	12,3%
Processos desde 1960	20,7%	61%

CRIMES DE EXTERMÍNIO POR "EINSATZGRUPPEN"	BRD	DDR
Processos até 1960	0,8%	0,0%
Processos desde 1960	11,6%	9%

CRIMES DE EXTERMÍNIO EM CAMPOS DE CONCENTRAÇÃO	BRD	DDR
Processos até 1960	1,6%	1,4%
Processos desde 1960	9,1%	5,6%

CRIMES DE DESPACHO	BRD	DDR
Processos até 1960	1,0%	0,6%
Processos desde 1960	4,0%	1,1%

Os quadros a seguir contêm a atribuição dos acusados.

PESSOAL DE PRISÕES E CAMPOS	BRD	DDR
Processos até 1960	18,7%	9,1%
Processos desde 1960	25,9%	12,3%

PESSOAL DA ADMIN. DE JUSTIÇA	BRD	DDR
Processos até 1960	4,4%	0,9%
Processos desde 1960	1,2%	4,3%

PARTIDO NAZISTA	BRD	DDR
Processos até 1960	12,7%	5,6%
Processos desde 1960	0,5%	0,0%

POLÍCIA	BRD	DDR
Processos até 1960	24,7%	12,3%
Processos desde 1960	41,5%	42,6%

ADMINISTRAÇÃO CIVIL	BRD	DDR
Processos até 1960	5,4%	3,2%
Processos desde 1960	3,0%	1,1%

ECONOMIA	BRD	DDR
Processos até 1960	4,4%	9,1%
Processos desde 1960	0,7%	1,1%

O gotejo de processos não tinha sido detido depois de 1997, dentro e fora da Alemanha, se bem que poucos dos que participaram naqueles crimes estão vivos. Todavia, em abril de 2001, um Tribunal de Ravensburg condenou Julios Viel, de 83 anos, a 12 anos de prisão como autor do assassinato de sete trabalhadores forçados judeus na primavera de 1945.

Desde 31 de agosto de 1951, os Tribunais Alemães somente podem aplicar o Direito Penal Alemão e respeitando o princípio da irretroatividade. Nesse sentido, para julgar os crimes de nazismo, teve de tomar como base, tal como no próprio caso de Viel ocorreu, o Direito Penal Alemão da própria época nazista. Nesse caso de Viel, o Tribunal entendeu que ele era um assassino inclusive para aquele Direito Penal, se bem que tais comportamentos não eram, de fato, perseguidos, senão tolerados ou fomentados desde o poder político. Além disso, para condenar Viel, o Tribunal deu por provado que trabalhou por próprio impulso, e não cumprindo ordens, pois, nesse último caso, haveria sido considerado mero cooperador, como logo veremos.

Ainda em julho de 2002, foi condenado, em Hamburgo, a 7 anos, Friedrich Engel, de 93 anos, apelidado "o verdugo de Gênova", pela morte, nessa cidade, onde havia sido chefe das SS, de 59 prisioneiros italianos. Esses presos foram tomados como reféns e executados, sob suas ordens, como vingança por um atentado contra soldados alemães em um cinema. Anos antes, Engel havia sido condenado na Itália, à revelia, à prisão perpétua. Porém, seguiu vivendo em Hamburgo tranquilamente até que uma cadeia de TV descobriu seu passado e surgiu o escândalo pelo pouco cuidado que até então haviam demonstrado as autoridades judiciais alemãs.

Também fora da Alemanha tem havido até hoje processos e condenações célebres contra antigos assassinos nazistas, como no caso de Erich Priebke, na Itália, em 1998. Detido em Bariloche, Argentina, em 1994, e extraditado à Itália, lá foi condenado a quinze anos pela execução de 335 reféns civis italianos. Por sua idade e pelo estado de saúde, sua pena foi comutada por prisão domiciliar. Em abril de 2001, ajuizou-se uma ação contra dois jornalistas italianos que o haviam qualificado como "verdugo" e solicitou uma indenização de um milhão de marcos para restabelecer sua dignidade atingida. Afortunadamente, os Tribunais rechaçaram tal pretensão.

É importante recordar alguns dados que têm condicionado a perseguição dos crimes nazistas. Em primeiro lugar, algumas anistias parciais, como a de 1949 e 1954, para crimes castigados com penas maiores ou acrescidos sob circunstâncias de obediência devida. Muito determinantes têm sido igualmente as sucessivas prescrições dos diversos delitos. Esse tema tem constituído, na Alemanha, uma questão tremendamente debatida, em cuja essência está um importante problema doutrinário, de alcance geral, que podemos formular, com simplicidade, assim: durante quanto tempo há de ser perseguido um delito? Que o cometer qualquer delito possa supor que seu autor tenha de passar o restante da vida sob a espada de Dâmocles, de que um dia possa ser processado parece fonte de injustiça e, sobretudo, de insegurança jurídica. A convivência social exige que seja valorizada enquanto *tabula rasa*, quer porque o crime tenha sido julgado, e a pena, em seu caso, tenha sido cumprida, quer porque, devido ao tempo, passou-se a enfrentar esse delito. Nesses termos gerais, parece adequado, porém o século XX tem visto a raiz dos abundantes supostos de genocídio, crimes de guerra e crimes contra a humanidade, crescer a polêmica sobre se esses tipos de crimes não deveriam ser imprescritíveis. E essa é a consideração que tem sido imposta no Estatuto do Tribunal Penal Internacional que assim os declara, imprescritíveis (art. 29).

No caso alemão, foi grande a polêmica sobre os casos de homicídio, assassinato, detenção ilegal, lesões, somente para citar, acontecidos sob o nazismo, se deviam prescrever segundo o termo fixado com caráter geral no Código Penal, ou se deviam ser objeto de normativa especial que prolongasse sua data de prescrição e permitisse seguir, perseguindo-os.

Um primeiro momento decisivo se dá em 1960, quando prescreveram os delitos de homicídio, lesões que culminaram na morte e na detenção ilegal com resultado de morte. Para tais delitos, o prazo de prescrição que o Código Penal então vigente estabelecia era de quinze anos. Uma proposta de lei para prolongar esse prazo fora rejeitada no Parlamento alemão, nesse momento, com o argumento de que atentaria contra a proibição de retroatividade penal desfavorável, contida no art. 103 da Lei Fundamental de Bonn. A discussão se reabriu em 1965, quando chegava o momento de prescrição dos assassinatos cometidos antes do fim da Guerra. O Parlamento aprazou tal prescrição quatro anos, até 1969. Nesse mesmo ano, uma nova lei alarga para trinta anos o prazo de prescrição de assassinato e declara imprescritível o delito de genocídio. Desse modo, os delitos de assassinato do tempo do nazismo passavam a prescrever em 1979. E, precisamente, em 1979, uma nova lei parlamentar declara imprescritível o delito de assassinato.

Tendo-se em conta o que precede, depreende-se uma impressão muito positiva, porém enganosa. É preciso explicar que, com a prescrição dos homicídios, se garantiu a impunidade de grande parte dos criminosos, pois os tribunais estimaram que houvesse homicídio, e não assassinato, sempre que aquele que matava o fizesse seguindo uma ordem e sem motivações mais reprováveis como crueldade e ódio racial. E como era fácil alegar que se cumpriam ordens e é tão difícil provar as intenções e os motivos...

No ambiente alemão dos anos cinqüenta, muito mais inclinado a fechar os olhos sobre o passado que a perseguir com eficácia os criminosos nazistas, houve um fato, em 1958, que provocou uma reação. Uma lei de 1951 permitia que reingressassem no serviço ou, em certos casos, percebessem uma pensão até sua jubilação, os que haviam sido funcionários sob o nazismo e houvessem sido separados de seu posto por razões puramente funcionais e de serviço. Por essa via, puderam, por exemplo, reingressar na Administração grande parte dos antigos funcionários da Gestapo. De fato, em 1953, os 30% dos funcionários dos ministérios federais eram formados por reingressados por essa possibilidade e, especialmente no Ministério do Interior. De modo que muitos dos que tinham que perseguir os criminosos nazistas, seguindo as diretrizes da fiscalização, eram antigos funcionários do nazismo. Como os que tinham que julgá-los logo, já sabem.

Pois bem, um dos assim reingressados foi despedido, em Ulm, ao descobrir-se que vivia sob identidade falsa. Uma testemunha declarou que seu verdadeiro nome era Fischer-Schweder e que, durante a Guerra, como diretor de Polícia em Memel, havia participado em numerosos crimes contra judeus executados por *Einsatzkommandos* que ele comandava. A imprensa pegou o fato e o transformou em um importante escândalo. Fischer-Schweder foi detido em 1956 e se converteu no principal acusado do julgamento que, em 1958, começou em Ulm, o chamado "Processo de Ulm", o primeiro ante um Tribunal Alemão por crimes dos *Einsatzkommandos* em território russo.

Na hora de julgar os crimes do Nazismo, um tema extremamente determinante tem sido o de sua autoria. Em termos claros, podemos colocar a questão do seguinte modo: quem foram os verdadeiros autores das mortes nas câmaras de gás, nos pelotões de trabalho, nas execuções de reféns? Ou, em outras palavras: os que selecionavam os deportados na "rampa" de Auschwitz, os que enforcavam os internos dos campos que tentavam fugir, os que faziam os prisioneiros que trabalhavam em canteiros arrastar pedras até que caíssem mortos, os que encerravam os deportados em trens, superlotando-os sem água durante dias, os que, como membros ou oficiais de *Einsatzkommandos,* fuzilavam diariamente centenas de judeus, em jornadas intermináveis, entre outras barbáries, eram realmente os autores dos crimes que, por sua mão, ocorriam ou eram unicamente executores, meros instrumentos de uma vontade alheia e, portanto, carentes de responsabilidade pessoal sempre que não fique provado que atuavam assim por gosto e deleite pessoal? Pois bem, *grosso modo*, e ainda com todos os matizes necessários, podemos afirmar que a tese imposta nos Tribunais Alemães se impôs é que autores propriamente ditos, no preciso sentido jurídico-penal do conceito, foram, da maior parte dos crimes, somente Himmler, Göering, Heydrich...e sobretudo Hitler. A imensa maioria dos demais que moveram as peças da endiabrada engrenagem não haviam sido mais que cúmplices, cooperadores (*Gehilfen*). Deles não era prioritariamente a vontade de matar, torturar, explorar, exterminar, senão de... obedecer. De longe, a maior parte dos membros das SS e dos *Einsatzkommandos* haveriam trabalhado como meros cooperadores. Hitler e seus imediatos colaboradores teriam sido os autores, se bem que não atuaram de mão própria, senão como autores mediatos, isto é, valendo-se de outros como instrumentos ou meios de seus propósitos. E esses outros ficavam rebaixados à condição de pouco menos que ferramentas do crime.

Podemos ilustrar tudo isso com o exemplo do Processo de Ulm, antes mencionado. Julga-se pelo massacre de quatro mil pessoas na fronteira lituana, efetuado pelos *Einsatzkommandos* das SS sob o comando de Fischer-Schweder. Em sua sentença de 29 de agosto de 1958, diz o Tribunal de Ulm o seguinte:

"Segundo tem-se acreditado ante este Tribunal, os autores das medidas de 'tratamento especial de inimigos potenciais', isto é, da aniquilação física de grande número de judeus, com desprezo de sua idade e sexo, e de comunistas da Região Oriental, são Hitler, Himmler, Heydrich e seu círculo mais próximo. Eles planejaram conjuntamente o extermínio e a preparação técnica e organizadamente com o assessoramento da RSHA, e fizeram que se executasse mediante grupos de intervenção e campos de extermínio, nos quais, respectivamente, atuou-se conforme ordens". Acrescenta o Tribunal que os dez acusados tinham a mesma consciência da antijuridicidade da ação que seus autores principais e que não trabalharam sob estado de necessidade, senão livremente. Sem embargo, os acusados não haveriam desejado os assassinatos como coisa própria, por sua vontade, senão que "atuaram meramente com o dolo de apoiar com sua ação a ação dos autores principais". Consequentemente, são condenados, como cooperadores, a penas baixas de prisão, por termo médio dos dias por cada morte.

A distinção anterior entre autor e cooperador teve enormes consequências na perseguição penal. Por quê? Antes de 1969, porque, dessa maneira, podia-se evitar, para os condenados, a pena de prisão perpétua que correspondia aos autores propriamente ditos, e era impossível impor aos considerados cooperadores penas relativamente suaves. E, porque, por essa via, chegou-se ao que se tem chamado uma "anistia pela porta de trás". Com efeito, quando, em 1969, o legislador alemão assenta a imprescritibilidade do assassinato e do genocídio, faz também algo mais, que, aparentemente, não tem que ver com os problemas penais do nazismo: mediante uma sutil manobra técnica situa em quinze anos a pena máxima para os cooperadores e provoca, assim, que se devam considerar, retroativamente, prescritos, em 1960, os delitos cometidos sob o nazismo em condição de cooperador. A jogada de despiste se consuma ao dispor que no futuro os delitos em grau de cooperação prescreveriam aos vinte anos, em lugar de quinze. Deste modo, já tem ficado definitivamente eliminada, pela ação conjunta da jurisprudência anterior e desta torção do legislativo, a possibilidade de julgar aos tidos por cooperadores no nazismo; e cooperadores eram considerados todos (salvo, como se tem dito, os que atuavam por meios próprios e por conta própria), menos Hitler Göring, Himmler e Heydrich. Assim, pois, a partir de 1969, não haverá definitivamente possibilidade de condenar quem apertava o gatilho ou abria a torneira do gás, salvo que se prove, com toda a dificuldade que isso resulta, que atuava por iniciativa própria ou movido por sentimentos mais baixos que o mero espírito de obediência.

A inquietação do leitor aumentará se souber que essa tão generosa interpretação extensiva do conceito de cooperador, e a paralela interpretação restritiva do conceito de autor, apenas as aplicaram os Tribunais Alemães a mais casos que estes dos crimes nazistas. E, todavia, mais se conhece que o relator na comissão ministerial que organizou tal reforma foi Eduard Dreher, Diretor do Departamento Penal do Ministério Federal da Justiça e que havia se destacado sob o nazismo, como Fiscal no Tribunal Especial de Innsbruck, por seu zelo para solicitar penas de morte.

Vejamos agora um exemplo dos efeitos que essa atitude teve nos processos pelos crimes nos campos de concentração.

Entre os acusados no Processo de Auschwitz, concluído em Frankfurt em 1965, estava Robert Mulka, ajudante de Rudolf Höss, de quem já sabemos que foi o Comandante do campo durante a operação de extermínio dos judeus. Ele foi responsável por várias ocasiões em dirigir a seleção na "rampa". Em uma dessas ocasiões, um subordinado o notificou que um dos integrantes do comando de presos que trabalhava na rampa na recepção dos novos deportados acabava de falar com um desses, o que era proibido. Mulka olhou o relógio e disse ao seu subordinado: "faça-o rápido, é tarde". Seu subordinado matou imediatamente o preso do comando. Demonstrou-se, além disso, que Mulka tinha importantes responsabilidades no funcionamento das câmaras de gás e no aprovisionamento do zyclon-B. O Tribunal o condenou a quatorze anos de prisão em sua condição de cooperador, não coautor. Alegou-se que o destino dos deportados a Auschwitz estava decidido antes da chegada de cada contingente, pelo qual Mulka não tinha o "domínio de fato" e de suas decisões nada dependia. Se houver alguma coisa, diz o Tribunal, somente o Comandante do campo, Höss, pode mudar algo com suas ordens. Aos demais, entre eles Mulka, somente lhes cabia obedecer. Unicamente haveria atuado com vontade de autor se houvesse mostrado um especial empenho ou uma atitude de clara aprovação do conteúdo das ordens. E até sua ordem de matar o preso do comando supõe o Tribunal que era consequência de que Mulka julgou que o preso havia cometido uma grave falta disciplinar: "não mandou matar o preso – diz a sentença – porque era judeu – o qual, além disso, não consta com segurança – senão porque, desde o ponto de vista de Mulka, era culpado de uma falta merecedora de morte. O motivo para matá-lo não era o mesmo que o dos dirigentes nazistas que determinaram os assassinatos massivos dos judeus". Sobram comentários.

3. Indenizações para os trabalhadores forçados

Até o momento, foi feita referência somente às responsabilidades penais pelos crimes do nazismo. E que dúvida cabe de que uma das mais fortes razões para a perseguição penal é a de fazer justiça às vítimas. Porém há outra importante maneira de sanar as injustiças pelas quais muitas vítimas padecem: a indenização, a compensação por exploração sofrida ao serem obrigadas a trabalhar em regime pior que o de escravidão e em condições infra-humanas.

Na *Lista de Schindler,* vemos o trabalho de alguns prisioneiros judeus, o que, em seu caso e por obra de Oskar Schindler, significou a forma de escapar da morte segura. O trabalho escravo, e não-somente de judeus, na indústria vinculada aos campos, foi uma prática absolutamente habitual no nazismo. Calcula-se que, no final de 1944, mais de sete milhões e meio de trabalhadores estrangeiros, a maioria sem salário nenhum e outros com um salário irrisório, trabalhavam na Alemanha como prisioneiros escravos. Um terço desse número era mulheres. Quase todos os setores da economia alemã da época se nutriam assim de mão-de-obra gratuita ou muito barata. Graças a isso, pôde o governo nazista manter até o final da Guerra um nível de vida relativamente aceitável para toda a população alemã livre, bem como evitar que as mulheres alemãs tivessem de ser recrutadas para o trabalho na indústria quando todos os homens úteis eram enviados à guerra. Dizem também os historiadores, que se não fosse por essa mão-de-obra dos presos nos campos, os prisioneiros de guerra e os trabalhadores estrangeiros, a Alemanha não teria conseguido prosseguir na guerra além de 1942. O tratamento de tais trabalhadores forçados e escravos, era tanto pior quanto mais abaixo estivessem na escala racial que os nazistas atendiam. Os prisioneiros judeus suportavam os piores tratos assim como os prisioneiros e trabalhadores forçados russos e poloneses. Os provenientes do Centro e do Norte da Europa tinham condições melhores.

Finalizada a Guerra, começou-se a reclamar que tanto o Estado Alemão como as indústrias que haviam se beneficiado daqueles trabalhadores forçados os indenizassem pelo abuso sofrido e pelos benefícios que haviam proporcionado. Durante décadas, não prosperaram na Alemanha tais petições. O Governo sustentava que já haviam sido indenizados os que deveriam sê-lo. As empresas mantiveram durante muito tempo o que já havia alegado a firma Krupp nos processos de Nuremberg: que não haviam feito nada ilegal, que haviam procedido segundo as necessidades de uma economia de guerra e que as empresas, nessa situação, haviam atuado conforme o que era sua obrigação patriótica. Afirmavam, além disso, que quem havia forçado os trabalhos, havia sido o Governo nazista e que as empresas já haviam pago por essa mão-de-obra nas SS, em seu momento. O mesmo Supremo Tribunal Federal Alemão considerava, nos anos sessenta e setenta, que aquelas empresas não haviam atuado a título próprio, senão como "quase-empresas" e como "agências do *Reich*" ou "órgãos auxiliares da administração penitenciária", razão pela qual se rechaçavam as demandas individuais contra elas.

Anteriormente, houve processos com resultados verdadeiramente risíveis. Em 1957, começa um processo motivado pela demanda interposta por Adolf Diamant, um judeu que tinha vinte anos quando foi deportado do gueto de Lodz a Auschwitz. Toda sua família foi enviada às câmaras de gás, e ele foi selecionado para trabalhar como prisioneiro do campo de concentração de Neugamme, na Empresa Büssin. O Tribunal emitiu um parecer afirmando que "nada pode comprar o trabalho de uma pessoa que tenha sido antijuridicamente privada de sua liberdade" e condenou a empresa a indenizar Adolf Diamant com a quantia de... 177, 80 marcos alemães. Tão irrisória indenização dissuadiu muitos outros possíveis demandantes.

Frente a essa situação, nos anos noventa. apresentaram-se demandas ante Tribunais Norte-Americanos, solicitando que as filiais norte-americanas de indústrias que usaram mão-de-obra escrava na Alemanha nazista, como Mercedes Benz, Ford e Volkswagen, fossem condenadas a indenizar, nos Estados Unidos, os sobreviventes daqueles que foram seus escravos. Quanto aos pleitos que, na Alemanha, colocavam-se por esses assuntos até os anos noventa, muitas reclamações não tinham êxito porque se tratava de pessoas que já haviam sido ressarcidas em outros conceitos (por exemplo, pelas sequelas físicas de sua estada nos campos de concentração. Uma lei de 1956, complementada por outra de 1965, dispunha de indenizações para as vítimas alemãs de homicídios, danos corporais e privação ilícita de liberdade, e não de compensação pelos trabalhos forçados; umas 360.000 pessoas foram indenizadas por estes conceitos), ou por problemas de prescrição de prazos. Por outro lado, depois de 1989, começaram a chegar aos julgados alemães demandas de cidadãos da Europa Central e Oriental que até esse momento não haviam podido aceder à justiça alemã.

No verão de 1998, organizou-se a campanha "Justiça para os sobreviventes do trabalho forçado nazista" e se colocaram numerosas demandas novas contra o Estado Alemão e contra as empresas. A crescente incerteza para Estado e empresas, assim como a pressão de uma opinião pública cada vez mais consciente da injustiça, conduziram à busca urgente de soluções extrajudiciais. Algumas empresas, como Volkswagen ou Dresdner Bank, constituíram fundos para indenizar seus antigos trabalhadores forçados. Outras, como Siemens ou BMW, declararam-se dispostas a contribuir financeiramente se o Estado criasse um fundo para compensações. Finalmente, buscou-se a saída em um acordo entre o Estado e as empresas para criar um fundo de indenização e abri-lo às solicitações de todos os antigos trabalhadores escravos e forçados.

Em 23 de março de 2000, alcançou-se na Alemanha o acordo para indenizar as vítimas do trabalho forçado e de outros danos (especialmente como consequência de experiências médicas ou de falecimento ou lesões graves de menores internados em alojamentos para filhos de trabalhadores forçados) sob o nazismo como uma soma global de dez milhões de marcos. A via escolhida foi a de criar uma fundação que se encarregasse disso. A lei que cria e regula essa fundação chamada "Memória, responsabilidade e futuro" é de 2 de agosto de 2000. Tal lei estabeleceu como prazo para solicitar as mencionadas indenizações até 31 de dezembro de 2001. A indenização podia ser solicitada pelas próprias vítimas ou seus herdeiros no caso de que aquelas houvessem falecido, posteriormente, a 15 de fevereiro de 1999.

Por outro lado, em 17 de julho de 2000, firmou-se um Acordo entre a Alemanha e os Estados Unidos, pelo qual a Fundação se compromete a assumir todas as indenizações futuras e é designada como a única instância ante a qual se podem apresentar as reclamações pela exploração nas indústrias alemães da época nazista. Pretendeu-se assim, como é evidente, acabar com as demandas ante os Tribunais Norte-Americanos contra as atuais filiais estadunidenses daquelas empresas.

Em novembro de 2002, a Fundação havia desembolsado 1.927 milhões de euros para pagar o primeiro prazo da indenização (a lei prevê que o pagamento se dê em dois prazos) a 1.107.000 vítimas de trabalho escravo e forçado até esse momento, reconhecidas. Delas, por exemplo, 384.000 eram poloneses; 320.207, ucranianas; 114.765, judias, e 88.200, russas. Os indenizados pertencem a, aproximadamente, 75 Estados distintos. Até agosto de 2002, havia sido aprovada a indenização para 60 espanhóis.

Notas bibliográficas

Precisa-se mencionar, em primeiro lugar, a novela de Thomas Keneally, *La lista de Schindler*, publicada em espanhol por Edições B., com tradução de Carlos Peralta. O original em inglês é de 1982.

1. Estudos sobre o filme

Em espanhol, é totalmente recomendável o livro de Arturo Lozano Aguilar, *Steven Spielberg, La lista de Schindler*, Barcelona, Paidós, 2001.

Importantes recompilações estrangeiras de estudos sobre o filme são as seguintes:

Th. Fensch, *Oskar Schindler and his List. The Man, the Book, the Film, the Holocaust and Its Survivors, Forest Dale (Vermont)*, Paul S. Erikson, 1995.

Y. Loshitzky (ed.), *Spielberg´s Holocaust. Critical Perspectives on Schindler´s List*, Bloomington & Indianapolis, Indiana University Press, 1997.

F. Palowski, Witness. *The Making of Schindler´s List, Londres*, Orion, 1998.

J.-M. Noack, "Schindlers Liste": Authentizität und Fiktion in Spielbergs Film, Leipzig, Leipziger Universitätsverlag, 1998.

O roteiro do filme pode ser visto em distintas direções da internet. Por exemplo:

http://blake.prohosting.com/awsm/script/schindlerslist.txt
http://www.un-official.com/The_Daily_Script/slist.doc
http://www.scriptdude.com/frames/moviescripts/SchindlersList.pdf

Estudos sobre a representação dos campos de concentração no cinema, ainda que sem análise da *Lista de Schindler*, podem ser vistos de forma muito destacada nos seguintes livros:

I. Avisar, *Screening the Holocaust.. Cinema´s Images of the Unimaginable*, Bloomintong & Indianapolis, Indiana University Press, 1988.

A. Insdorf, *Indelible Shadows. Film and the Holocaust*, Cambridge, Cambridge University Press, 2ª ed., 1989.

J. Doneson, *The Holocaust in American Film*, Philadelphie, The Jewish Publication Society, 1987.

A. Lozano Aguilar (coord.), *La memoria de los campos. El cine y los campos de concentración nazis*, Valencia, Ediciones de la Mirada, 1999.

Sobre a problemática geral da representação do Holocausto no cinema e nas demais artes, com valiosas referências à *Lista de Schindler*, merecem ser citados:

S. Kramer, *Auschwitz im Widerstreit. Zur Darstellung der Shoah in Film, Philosophie und Literatur*, Wiesbaden, Deutscher Universitäts-Verlag, 1999.

S. Krankenhagen, *Auschwitz darstellen. Ästhetische Positionen zwischen Adorno, Spielberg und Walser*, Köln, Böhlau, 2001.

José A. Zamora, "Estética del horror. Negatividad y representación *después* de Auschwitz, en: *Isegoría*, 23, diciembre 2000, págs. 183-196.

2. Algumas referências bibliográficas sobre os fatos mencionados

Da absolutamente volumosa bibliografia sobre o nazismo, mencionaremos somente alguns poucos livros que têm guiado mais diretamente a narração dos fatos no texto.

O ambiente geral da época do nazismo na Alemanha, assim como as atitudes predominantes entre a população a respeito da barbárie reinante, está muito bem refletido nos seguintes livros, todos bem recentes:

Chr.R. Browning, *Aquellos hombres grises. El Batallón 101 y la Solución Final en Polonia*, Barcelona, Edhasa, 2002, trad. de Montse Batista.

M. Burleigh, *El Tercer Reich. Una nueva historia*, Madrid, Taurus, 2002, trad. de José Manuel Álvarez Flórez.

D. Goldhagen, *Los verdugos voluntarios de Hitler. Los alemanes corrientes y el Holocausto*, Madrid, Taurus, 1997.

E.A. Johnson, *El terror nazi. La Gestapo, los judíos y el pueblo alemán*, Barcelona, Paidós, 2002.

C. Vidal, *El Holocausto*, Madrid, Alianza, 1995.

Sobre os campos de concentração, seus comandantes e pessoal, seu significado econômico e a exploração dos prisioneiros, podem ser vistas, entre muitas, as seguintes obras:

H. Buchheim, etc., *Anatomie des SS-Staates*, München, Deutscher Taschenbuch Verlag, 7ª ed. 1999 (1ª ed. 1967).

U. Herbert, K. Orth, Chr. Dieckmann (eds.), *Die nationalsozialistischen Konzentrationslager. Entwicklung und Struktur*, 2 vols., Göttingen, Wallstein, 1998.

H. Kaienburg (ed.), *Konzentrationslager und deutsche Wirtschaft 1939-1945*, Opladen, Leske und Budrich, 1996.

T. Segev, Soldiers of Evil. *The Commandants of the Nazi Concentration Camps*, New York, McGraw-Hill, 1988.

W. Sofsky, *Die Ordnung des Terrors: Das Konzentratioslager*, , Frankfurt M., Fischer, 1999, 3ª ed.

J. Kotek, P. Rigoulot, *Los campos de la muerte. Cien años de deportación y exterminio*, Barcelona, Salvat, 2001 (capítulo 8, págs. 305-484).

Das obras sobre o tratamento jurídico da criminalidade nazista, cabe destacar as seguintes produções, também entre muitas:

B. Just-Dahlmann, H. Just, *Die Gehilfen. NS-Verbrechen und die Justiz nach 1945*, Frankfurt M., Athenäum, 1988.

K. Freudiger, Die *juristische Aufarbeitung von NS-Verbrechen*, Tübingen, Mohr, 2002.

S. Jung, *Die Rechtsprobleme der Nürnberger Prozesse*, Tübingen, *Mohr, 1992.*

I. Müller, Furchbare Juristen. Die unbewältigte Vergangenheit unserer Justiz, München, Knaur, 1989.

Redaktion Kritische Justiz (ed.), *Die juristische Aufarbeitung des Unrechts-Staats*, Baden-Baden, Nomos, 1998.

A. Rückerl, *NS-Verbrechen vor Gericht. Versuch einer Vergangenheitsbewältigung*, Heidelberg, C.F.Müller, 1984.

G. Werle, Th. Wandres, *Auschwitz vor Gericht: Völkermord und bundesdeutsche Strafjustiz*, München, Beck, 1995.

No que tange à revisão textual,[3] a ortografia do texto em tradução seguiu o Novo Acordo Ortográfico da Língua Portuguesa (1990), consultando-se obras de:

HOUAISS, Antônio. *Escrevendo pela Nova Ortografia*. Rio de Janeiro: Publifolha, 2008.

——. *Minidicionário Houaiss da Língua Portuguesa*. 3ªed. Rio de Janeiro: Moderna, 2008.

SILVA, Maurício. *O Novo Acordo da Língua Portuguesa*. São Paulo : Contexto, 2008.

Apesar da ampla e diversificada relação das notas bibliográficas sobre o trabalho, a melhor representação da vida nos campos nazistas e dos trabalhos de seus internos pode ser vista nas memórias romanceadas de alguns grandes escritores sobreviventes. Sem nenhum ânimo de exaustividade, atrevemo-nos a recomendar as obras de Primo Levi (*É isto um homem? A Trégua*), Robert Antelme (*A espécie humana*), Jorge Semprún (*Viviré con su nombre, morirá con el mío*) e Imre Kertész (*Sin destino*). Sobre a vida nos guetos, é de suma atualidade, graças ao filme de Polanski, a obra de Wladyslaw Szpilman, O *pianista do gueto de Varsóvia*. Devem ser citados também importantes ensaios de Jean Améry ou Elie Wiesel, assim como alguns fundamentais poemas de Paul Celan. Por último, ainda que não de um ex-cativo, não podemos deixar sem menção a potente reflexão de Giorgio Agamben em O que fica de Auschwitz (Valéncia, Pré-Textos, 2000). A lista, supostamente, poderia ser muito mais extensa.

---

[3] Nota dos Tradutores.